GUSTAVE HAREL

# NOTES De Théâtre



**L'Année Théâtrale 1897-1898 au Mans**

**Portraits en Phototypie par M. G. GUÉNET**

**CLICHÉS DE M. J. TARPENT**

DIRECTION — COMPOSITION DE LA TROUPE
PIÈCES REPRÉSENTÉES — PROFILS ARTISTIQUES
ARTICLES DIVERS

**Prix : 1 franc**

LIBRAIRIE HAREL
**33, Avenue Thiers**

BUREAUX DU *SCAPIN*
**Rue du Porc-Épic, 5**

**LE MANS**

1898

# NOTES DE THÉATRE

L'Année Théâtrale 1897-1898 au Mans

## DU MÊME AUTEUR :

### DESSIN

**Méthode de dessin à main levée**, en 10 cahiers, chaque cahier. . . . . . . . . . . . . . . . . . 0f. 10

**Méthode de dessin en tableaux**, 24 grands tableaux tout en noir, chacun. . . . . . . . . . . . . . 0 30

En noir et rouge, chacun . . . . . . . . . . . 0 50

(*Ces deux ouvrages chez* Monrocq frères, éditeurs, 3, rue Suger, Paris).

### MUSIQUE

**Les Voix enfantines**, 5 morceaux très simples, à 2 et 3 voix (la série se continue), chacun. . . 0 40

(Picard et Kaan, éditeurs, 11, rue Soufflot, Paris).

**Suprême Amour**, *Mélodie*, petit format. . . . . . 0 30

Avec accompagnement. . . . . . . . . . . . . 3 »

(L. Laloue et Cie, 5, boulev. Poissonnière, Paris).

### LITTÉRATURE

**A travers les Branches** (*Nouvelles et Récits*). . . 3 »

(Legène et Oudin, édit., 15, rue de Cluny, Paris).

**Notes de Théâtre**, 1re année . . . . . . . . . . . 0 75

(Association Ouvrière, 5, rue du Porc-Epic, Le Mans.)

**Mon cher petit Robert** (*Souvenir*), épuisé.

*Sous presse.*

**Loin des Villes** (*Poésies*).

*En préparation.*

**Petits Portraits fin de siècle** (*Études humoristiques*).

**Notes Biographiques et littéraires.**

Gustave HAREL

# NOTES De Théâtre



## L'Année Théâtrale 1897-1898 au Mans

Portraits en Phototypie par M. G. GUÉNET

CLICHÉS DE M. TARPENT

DIRECTION — COMPOSITION DE LA TROUPE
PIÈCES REPRÉSENTÉES — PROFILS ARTISTIQUES
ARTICLES DIVERS

Prix : 1 franc

LIBRAIRIE HAREL
33, Avenue Thiers

BUREAUX DU *SCAPIN*
Rue du Porc-Épic, 5

LE MANS
1898

Le Mans. — Association Ouvrière Hétrot-Guénet et Cie.

# PRÉFACE

*L'accueil que le public manceau a bien voulu faire à mes modestes* Notes de théâtre *m'a décidé à en continuer la publication.*

*L'année dernière, par suite de l'absence presque complète de renseignements concernant les artistes, j'avais dû me contenter de fixer quelques traits caractéristiques, quelques impressions saisies au cours des représentations. Cette année, grâce aux détails qui m'ont été fournis sur la plupart des sujets de la troupe théâtrale, il m'a été possible de donner des* silhouettes *plus finies, plus poussées, dont quelques-unes ont pris les allures de véritables biographies.*

*M. GUÉNET s'est occupé de la partie illustrée avec un soin tout particulier et une rare compétence.*

*Il n'a compté ni avec le temps qu'exigeait un*

*travail délicat, ni avec les sacrifices que lui imposait son entreprise.*

*Aussi, a-t-il pleinement réussi. Ses reproductions en phototypie du portrait des artistes auront, cela n'est pas douteux, le succès qu'elles méritent.*

*Je dois ajouter — non pour diminuer ses mérites, mais pour rendre à chacun ce qui lui appartient — que sa tâche s'est trouvée facilitée par le talent et l'extrême bonne volonté de M. TARPENT, l'habile photographe, qui s'est mis obligeamment à sa disposition pour lui procurer d'excellents clichés.*

*En somme, l'idée des* Notes de théâtre *fait son chemin, lentement, comme la généralité des innovations, mais sûrement, comme toute chose qui a sa raison d'être, son utilité.*

*D'ailleurs, je ne me suis nullement préoccupé de la rapidité avec laquelle cette œuvre sans prétention pouvait se propager, s'étendre. L'important n'est pas d'aller vite; c'est de suivre sa route sans hésitation, d'un pas ferme, assuré, avec cette tranquillité persévérante et forte que donne la certitude d'être dans la bonne voie.*

GUSTAVE HAREL.

## Saison Théâtrale 1897-1898

## DIRECTION & ADMINISTRATION

MM.

*Directeur*........ J. ROCHETTE ;
*Contrôleur* ...... SCHAEFFER ;
*Chef machiniste*.. CROCHARD ;
*Souffleur*........ ANDRÉ ;
*Tapissier*........ FOURMOND ;
*Locations et renseignements :* Mme J. ROCHETTE.

*Costumes de la maison CHANTEAU.*

# Composition de la Troupe

## DRAME & COMÉDIE

MM.

ALLIÉVI. — Premier rôle. Régisseur général ;
CHEVALIER. — Jeune premier rôle ;
SAINT-ISLES. — Jeune premier amoureux ;
NITSCH. — Premier rôle marqué, père noble ;
GASSER. — Troisième rôle, rôles marqués en tous genres ;
BARILLIER. — Premier comique ;
E. DERVILLE. — Premier comique en tous genres ;
OLIVIER. — Premier comique marqué, grime ;
STÉPHANO. — Deuxième comique ;
CLAM. — Rôles de genre ;
ARKOFF. — Jeune troisième rôle.

Mmes

DRÈGE. — Premier rôle en tous genres ;
OLIVIER. — Jeune premier rôle, forte jeune première ;
GIRARDOT. — Première ingénuité ;
BARILLIER. — Première soubrette, coquette ;
GASSER. — Duègne en tous genres ;
WILLAMS. — Rôles en tous genres ;
GRATIA. — Deuxième ingénuité, première amoureuse ;
RIVES. — Deuxième soubrette ;
HOUDAILLIER. — Deuxième amoureuse.

## OPÉRETTE

Outre les artistes de drame et de comédie dont le talent et la bonne volonté ont été utilisés, la Direction a spécialement engagé, pour les représentations d'opérette : MM. Freiche et Emery et Mmes Blonville, Louise Augé et Tavernier.

Chef d'orchestre : M. Tavernier.

## OPÉRA

MM.

Sernin-Chevalier. — Régisseur général ;
Damry. — Deuxième régisseur ;
Dastrez. — Premier ténor ;
Emery. — Deuxième ténor des premiers ;
Illy. — Baryton en tous genres ;
Rougon. — Première basse en tous genres ;
Sernin-Chevalier. — Deuxième basse en tous genres ;
Santomé. — Troisième ténor ;
Gustave. — Trial ;
Buseine et Damry. — Troisièmes basses.

Mmes

Davray. — Première chanteuse légère ;
Péraldo. — Première dugazon Galli-Marié ;
Louise Augé. — Deuxième dugazon ;
Damry. — Troisième dugazon ;
Gasser. — Mère dugazon.

**Principaux artistes engagés spécialement pour quelques représentations.**

Mme Martinon. — Forte chanteuse ;
M. Cornubert. — Fort ténor du Grand Théâtre de Rouen.

# ORCHESTRE

MM.

BOVY. — Premier chef;
TAVERNIER. — Deuxième chef;
LESTRINGANT. — Premier violon, soliste.
PRÉ. — Premier violoncelle, —
GUITTET. — Première flûte, —
DESGRANGES Em. — Premier hautbois, —
ROCHULÉ. — Première clarinette, —
MARÈS. — Premier piston, —
MASSARDO. — Premier cor, —
COSTA. — Premier basson, —
Mme BOVY. — Harpiste.

## Œuvres représentées pendant la Saison 1897-1898

### DRAME & COMÉDIE

OCTOBRE

7. **Serge Panine**, 5 actes (Georges Ohnet).
**C'est une femme du monde**, 1 acte (G. Feydeau et Desvallières).
10. **La Closerie des Genêts**, 5 actes (Frédéric Soulié).
**C'est une femme du monde** (*Reprise*).
12. **Les Femmes collantes**, 5 actes (Léon Gandillot).
**Le Baiser**, 1 acte (Théodore de Banville).
14. **Le Flibustier**, 3 actes (Jean Richepin).
**L'Invité**, 1 acte (Ernest Blum).
**Un Crâne sous une tempête**, 1 acte (Abraham Dreyfus).
17. **L'As de trèfle**, 5 actes (Pierre Decourcelle).
**L'Invité**, 1 acte (*Reprise*).
21. **Sapho**, 5 actes (Alphonse Daudet et Adolphe Belot).
24. **Gigolette**, 5 actes (Pierre Decourcelle et Edmond Tarbé).
26. **Sapho** (*Reprise*).
28. **Les Surprises du divorce**, 3 actes (Alexandre Bisson et Antony Mars).
**Le Flibustier** (*Reprise*).
31. **Les Volontaires de la Loire**, 5 actes (Fernand Meynet).
**C'est une femme du monde** (*3e*).

## NOVEMBRE

1er. **Les Femmes collantes** (*Reprise*) et **Le Flibustier** (*3e*).
4. **Le Sous-Préfet de Château-Buzard**, 3 actes (Léon Gandillot.
**Un Crâne sous une tempête** (*Reprise*).
7. **Sapho** (*3e*) et **Les Surprises du divorce** (*Reprise*).
11. **Le Pater**, 1 acte (François Coppée).
**Feu Toupinel**, 3 actes (Alexandre Bisson).
**Chez le Dentiste**, 1 acte (Louis Autigeon).
13. **Le Camelot**, 5 actes (Andry, Maurey et Jubin).
14. **Le Camelot** (*Reprise*).
16. **Le Pater** (*Reprise*), **Le Sous-Préfet de Château-Buzard** (*Reprise*) et **Chez le Dentiste** (*Reprise*).
18. **Le Fiacre 117**, 3 actes (E. de Najac et A. Millaud).
**Le Pater** (*3e*).
**Un gendre qui dompte sa belle-mère**, 1 acte (Louis Autigeon).
21. **Le Courrier de Lyon**, 6 tableaux (Moreau, Siraudin et Delacour).
**Le Pater** (*4e*) et **Feu Toupinel** (*Reprise*).
25. **Francillon**, 3 actes (Alexandre Dumas fils).
**Les Femmes qui pleurent**, 1 acte (Siraudin et Lambert Thiboust).
28. **Le Petit Jacques**, 5 actes (Jules Claretie et Williams Busnach).
**Le Fiacre 117** (*Reprise*).
30. **Francillon** (*Reprise*) et **Les Femmes qui pleurent** (*Reprise*).

## DÉCEMBRE

2. **Monsieur chasse**, 3 actes (Georges Feydeau).
**Les Ouvriers**, 1 acte (Eugène Manuel).

5. **Francillon** (*3e*), **Le Sous-Préfet de Château-Buzard** (*3e*) et **Un gendre qui dompte sa belle-mère** (*Reprise*).
9. **Denise,** 4 actes (Alexandre Dumas fils).
**Le Baiser** (*Reprise*).
12. **Devant l'ennemi,** 5 actes (P. Charton).
**Le Pater** (*5e*) et **Les Femmes qui pleurent** (*3e*).
14. **Denise** (*Reprise*) et **Le Baiser** (*3e*).
16. **Le Sursis,** 3 actes (André Sylvane et Jean Gascogne).
**L'Alliance franco-russe,** 1 acte (Armand Micart).
19. **La Maison du Baigneur,** 5 actes (A. Maquet).
23. **Tailleur pour Dames,** 3 actes (Georges Feydeau).
**Les Ouvriers** (*Reprise*).
25. **Denise** (*3e*) et **Monsieur chasse** (*Reprise*).
26. **La Maison du Baigneur** (*Reprise*).
30. **Charlotte Corday,** 5 actes (François Ponsard).
**L'Alliance franco-russe** (*Reprise*).

JANVIER

1er. **Gigolette** (*Reprise*) et **Feu Toupinel** (*3e*).
2. **Le Sursis** (*Reprise*).
6. **Serge Panine** (*Reprise*) et **Le Baiser** (*4e*).
9. **La Belle Gabrielle,** 5 actes (Auguste Maquet).
**L'Alliance franco-russe** (*3e*).
13. **La Comtesse Sarah,** 5 actes (Georges Ohnet).
**La Femme,** conférence humoristique (Grenet-Dancourt).
16. **Charlotte Corday** (*3e*), **Les Surprises du Divorce** (3e) et **Le Pater** (*6e*).
20. **Musotte,** 3 actes (Guy de Maupassant et Jacques Normand).
**La Joie fait peur,** 1 acte (Mme Emile de Girardin).
23. **Le Bâtard rouge,** 6 actes (R. Bringer et G. Rennes).
**Le Sursis** (*3e*).

30. **L'Ange de minuit,** 6 actes (Théodore Barrière et Edouard Plouvier).
**Le choix d'un gendre,** 1 acte (E. Labiche et Delacour).

## FÉVRIER

1er. **Le choix d'un gendre** (*Reprise*).
3. **Pour l'honneur de l'armée,** 1 acte (Armand Micart).
**La joie fait peur** (*Reprise*).
6. **Denise** (*4e*).
10. **Le Gamin de Paris,** 2 actes (Bayard et Vanderburch)
13. **Le Supplice d'une femme,** 3 actes (Emile de Girardin).
15. **Le Passant,** 1 acte (François Coppée).
17. **L'Aventurière,** 4 actes (Emile Augier).
20. **Serge Panine** (*3e*).
24. **Les Ouvriers** (*3e*).
27. **La Comtesse Sarah** (*Reprise*).

## MARS

1er. **Les Dominos roses,** 3 actes (Delacour et Hennequin).
3. **Bataille de Dames,** 3 actes (Scribe et Legouvé).
6. **L'Aventurière** (*Reprise*).
10. **Bataille de Dames** (*Reprise*) et **Les Dominos roses** (*Reprise*).
13. **L'As de trèfle** (*Reprise*).
**Prête-moi ta femme,** 2 actes (Maurice Desvallières).
15. **Le Christ,** 6 tableaux (Charles Grandmougin).
17. **Le Christ** (*Reprise*).
20. **Le Christ** (*3e*) MATINÉE.
**Les Pirates de la Savane,** 6 actes (O. Bourgeois et F. Dugué) SOIRÉE.
**Les Dominos roses** (*3e*) SOIRÉE.

24. **Le Christ** (*4*e).
26. **Charlotte Corday** (*4*e) et **L'Alliance franco-russe** (*4*e).
27. **Le Christ** (5e) et **Bataille de Dames** (3e).

## OPÉRETTE

### FÉVRIER

1er. **La Mascotte,** 3 actes (Edmond Audran).
3. **Mam'zelle Nitouche,** 3 actes (Hervé).
6. **La Mascotte** (*Reprise*).
10. **La Fille du Tambour-Major,** 3 actes (J. Offenbach).
13. **La Fille du Tambour-Major** (*Reprise*).
15. **L'Auberge du Tohu-Bohu,** 3 actes (Victor Roger).
17. **L'Auberge du Tohu-Bohu** (*Reprise*).
20. **Mam'zelle Nitouche** (*Reprise*).
24. **L'Auberge du Tohu-Bohu** (3e).
27. **L'Auberge du Tohu-Bohu** (*4*e).

### MARS

1er. **La Fille de Mme Angot,** 3 actes (Ch. Lecocq).
3. **Mam'zelle Nitouche** (3e).
6. **La Fille de Mme Angot** (*Reprise*).

## ➤ OPÉRA ◄

### AVRIL

10. **La Traviata,** 4 actes (Verdi) et **Le Chalet,** 1 acte (Adam).
12. **Carmen,** 4 actes (Georges Bizet).
14. **Mireille,** 3 actes (Gounod).
17. **Si j'étais Roi,** 4 actes (Adam).
19. **Faust,** 5 actes (Gounod).
21. **Mignon,** 3 actes (Ambroise Thomas).
24. **Faust** (*Reprise*).
26. **Lakmé,** 3 actes (Léo Delibes).
28. **Hamlet,** 5 actes (Ambroise Thomas).

### MAI

1er. **Mignon** (*Reprise*).
3. **Les Huguenots,** 5 actes (Meyerbeer).
5. **La Favorite,** 5 actes (Donizetti).
8. **Les Huguenots** (*Reprise*).
10. **Samson et Dalila,** 3 actes (Saint-Saëns).
12. **La Juive,** 5 actes (Halévy).
15. **Samson et Dalila** (*Reprise*).
17. **Le Barbier de Séville,** 4 actes (Rossini).
19. **Hamlet** (*Reprise*).

# LA SAISON THÉATRALE AU MANS

## 1897-1898

La saison qui vient de s'écouler laissera dans l'esprit de tous ceux qui ont plus ou moins suivi le théâtre, une impression des plus favorables.

Non seulement, les artistes se sont montrés à la hauteur de leur tâche, mais les œuvres représentées ont été fort bien choisies : elles offraient, d'ailleurs, tout ce que le public pouvait désirer : la qualité dans la variété.

Comédien de talent, M. Rochette a pu se rendre un compte exact de la valeur de chacun de ses pensionnaires et donner à tous d'utiles renseignements et de sages conseils. Directeur consciencieux et habile, rompu à toutes les exigences de la scène, il a monté ses pièces avec un soin méticuleux, en utilisant, de la façon la plus pratique, le matériel mis à sa disposition.

C'est ainsi que dans plusieurs ouvrages, *Faust* notamment, des tableaux, supprimés depuis longtemps, ont été rétablis à la grande satisfaction des spectateurs.

M. Rochette a su s'entourer d'artistes qui lui ont prêté un utile concours : MM. Alliévi, pour le drame et a comédie, et Sernin-Chevalier, pour l'opéra-comique et l'opéra, ont été, comme régisseurs, de précieux auxiliaires.

M. Tavernier a supérieurement conduit l'opérette et M. Bovy, chargé de la difficile mission de diriger l'orchestre pendant la saison de chant, s'est acquitté de ses fonctions avec un savoir et une autorité positivement remarquables.

Au reste, M. Rochette n'a rien négligé pour donner à la saison théâtrale tout le relief possible.

Il a suivi les répétitions avec une attention qui ne s'est pas démentie un seul instant, ce qui lui a permis de composer ses spectacles d'œuvres parfaitement mises au point. De plus, il a engagé exceptionnellement pour la représentation de quelques opéras très importants, des chanteurs et des chanteuses dont le talent a été fort apprécié du public.

Ces diverses constatations méritaient d'être faites. Elles comportent, à l'adresse de l'honorable directeur de notre scène municipale, des remerciements que je suis heureux de lui exprimer au nom de la population mancelle dont je crois être ici l'interprète.

# « SCAPIN »

1878-1898

Directeur-Fondateur : P. Bouvier

Le joyeux petit journal qui, depuis vingt ans, jette sa note humoristique et gaie au théâtre de notre bonne ville, n'a pas perdu de vue le rôle qu'il doit jouer et pour lequel il a été créé d'ailleurs.

Grâce à la complaisance — j'allais dire à la complicité – des ouvreuses, avec lesquelles il vit en parfaite intelligence, il s'est faufilé dans tous les coins de la salle, provoquant partout le bon rire qui dilate et maintient la santé.

Les spirituelles récréations d'Artifex ( Alliévi ), les fables si originales de S. Padrille, les fantaisies curieuses de l'Ami Rault (A. Rault) et de P. Scapin (P. Bouvier), les lettres si profondément intéressantes de Jehan de Saintré (D. Vardon), les poésies de Jeanne

Girardot, A. Alliévi, Gustave Harel, les chroniques hebdomadaires d'Henri Sincère (Gustave Harel), et, çà et là, les blagues piquantes de monsieur Tout le Monde, ont procuré aux nombreux spectateurs qui ont fréquenté notre scène municipale en 1897-1898, des indications utiles et une saine distraction.

# PROFILS ARTISTIQUES

Phototypie G.GUÉNET Cliché J.TARPENT



Mme OLIVIER

# Mme OLIVIER

Il y a des artistes qu'on apprécie et qu'on n'aime pas; il s'en rencontre d'autres qu'enveloppe une atmosphère sympathique malgré leur peu de valeur.

Mme Olivier possède le privilège aussi envié que rare de réunir les qualités propres à impressionner au plus haut point le public et à le tenir sous le charme.

Non seulement elle a du talent, et beaucoup; mais il se dégage de sa physionomie si intelligente, si mobile, si expressive, de son accent d'une si piquante netteté, de sa tenue, de ses manières, de toute sa personne enfin, une distinction qui met en lumière ses moyens artistiques et agit on ne peut plus favorablement sur l'esprit des spectateurs.

Mme Olivier est originaire de Bruxelles. Elle y débuta en 1889, au théâtre de la Bourse. Elle alla ensuite à l'Alhambra et de là passa aux Galeries Saint-Hubert.

Elle chantait alors l'opérette.

Comprenant sans doute que son tempérament lui réservait plus de victoires dans le drame et la comédie que dans l'interprétation des œuvres musicales, elle abandonna le chant et entra au théâtre Molière.

Puis elle vint en France et fut engagée dans différentes villes : Tours, Rennes, Angers notamment, où elle remplit brillamment les rôles de *Zélie* dans Gigolette, de *Mlle de*

*Verneuil*, dans les Chouans, de *Cordélia*, dans la Haine, de *Rose*, dans l'Arlésienne et d'*Hélène*, dans les Deux Gosses.

Je me borne à l'énumération rapide des principales pièces où son nom a figuré.

Mme Olivier s'est, on peut le dire, prodiguée au Mans pendant la saison qui vient de s'écouler.

Le nombre de ses succès correspond exactement à celui des personnages qu'elle a reproduits à la scène.

Les Manceaux l'ont chaleureusement applaudie sous les traits de : *Jeanne de Cernay* (Serge Panine); *Louise* (La Closerie des Genêts ; *Héloïse Plumard* (Les Femmes collantes); *Nini Gendarme* (L'As de trèfle) ; *Fanny Legrand* (Sapho); *Zelie Vauquelin* (Gigolette); *Yvonne* (Les Volontaires de la Loire); *Mlle Rose* (Le Pater); *Valentine* (Feu Toupinel); *Alice Durtal* (Le Camelot); *Francine de Riverolles* (Francillon); *Cécile de la Roseraie* (Le petit Jacques); *Denise Brissot* (Denise); *Marguerite* (La Maison du Baigneur); *Charlotte Corday* (Charlotte Corday); *Gabrielle d'Estrées* (La belle Gabrielle); *Sarah O'Donnor* (La Comtesse Sarah); *Simonne de Belyeuse* (Le Bâtard rouge); *L'Ange de minuit, le petit Clerc, l'Amour, la Bûcheronne* (L'Ange de minuit) ; *Louise* (Pour l'honneur de l'Armée) ; *Mathilde* (Le supplice d'une femme) ; *Dona Clorinde* (L'Aventurière) ; *Marguerite* (Les Dominos roses) ; *Marie-Madeleine* (Le Christ).

Dans le rôle sympathique de *Denise Brissot*, elle a émerveillé les spectateurs par son jeu serré, précis, exact, supérieurement nuancé. Elle a rendu d'une manière particulièrement heureuse, cette attitude sévère et digne qu'imposent à la pauvre Denise, plus malheureuse que coupable, le souvenir de sa faute et le lâche abandon dont elle a tant souffert, ce désespoir navrant qui la saisit, qui l'étreint lorsque, n'écoutant que son devoir, elle fait l'aveu de sa honte à celui qu'elle aime.

Le personnage de *Charlotte Corday* a valu à Mme Olivier des bravos enthousiastes. Mais aussi quel relief elle a su donner à l'héroïne du drame qui eut lieu le 13 juillet 1793 au n° 20 de la rue des Cordeliers! On ne pouvait mieux reproduire cette figure profondément intéressante, tout à la fois si calme et si énergique, de jeune fille au cœur ardent, aux sentiments nobles et élevés, qui se montra plus courageuse que beaucoup d'hommes et paya de sa vie une généreuse mais coupable erreur.

A mon humble avis, c'est dans le *Pater* que la vaillante artiste a le plus complètement montré sa puissance dramatique. Elle a été parfaite dans le rôle de *Mlle Rose*, la sœur de l'ecclésiastique victime de l'insurrection.

Le désordre de pensées qu'ont fait naître, chez la naïve et honnête fille, les événements terribles dont elle a été témoin; les imprécations qu'elle lance à l'adresse des révoltés, les blasphèmes qu'elle profère sous le coup de son immense douleur, puis l'apaisement qui se fait peu à peu dans son âme et qui lui permet d'achever sa prière avec un accent de simplicité touchante; tout cela a été excellemment noté.

Très affable, d'une humeur charmante, toujours disposée à rendre service, Mme Olivier ne compte que des amis parmi les artistes qui ont eu l'occasion de la connaître : ce n'est pas seulement une comédienne de premier ordre, c'est encore un caractère.

# M. OLIVIER

Comédien d'une indiscutable valeur, qui connaît admirablement l'art de se grimer, de se *faire une tête*, qualité précieuse que ne possèdent pas, à un degré suffisant, du moins, tous les artistes.

Doué d'un imperturbable sang-froid, M. Olivier joue avec une correction parfaite, un naturel irréprochable, une remarquable aisance.

Alors que tant de comiques cherchent dans l'outrance, dans l'abus de procédés trop faciles, les moyens propres à attirer et à retenir l'attention du public, M. Olivier, lui, sait provoquer le rire sans forcer la note, sans jamais tomber dans la charge.

Notre premier comique marqué est né à Liège, en 1855.

Il débuta à Bruxelles, au théâtre des Nouveautés, en 1880. Après avoir été engagé à Tournai, à Anvers, à Gand, à Lille, à Verviers, il retourna à Bruxelles, aux Galeries Saint-Hubert et de là passa au théâtre Molière où il resta trois ans.

Il joua ensuite à Tours, à Rennes, à Angers et obtint de brillants succès dans *Le Tour du Monde en 80 jours*; (*Fix*) ; Tricoche et Cacolet (*Le Duc*) ; Le Panache

(*Borroméo*) : Pont-Biquet (*Pont-Biquet*), pour ne citer que les principaux rôles qu'il eut à interpréter.

M. Olivier a été fort goûté des Manceaux, qui l'ont applaudi dans la Closerie des Genêts (*Dominique*) ; Les Femmes Collantes (*Mourillon*) ; l'Invité (*Livareau*) ; Un Crâne sous une tempête (*Monsieur*) ; l'As de Trèfle (*Juge d'instruction*) ; Sapho (*Monsieur Helléma*) ; Gigolette (*Me Colleville et Casse-cœur*) ; Les Surprises du Divorce (*Bourganeuf*) ; Les Volontaires de la Loire (*Hyénard*) ; Feu Toupinel (*Mathieu*) ; Le Camelot (*Le Juge d'instruction*) ; Le Fiacre 117 (*de Portenville*) ; Un Gendre qui dompte sa belle-mère (*Richepoche*) ; Le Courrier de Lyon (*Courriol*) ; Francillon (*Jean de Carillac*) ; Le Petit Jacques (*le docteur Edward*) ; Monsieur chasse (*Cassagne*) ; Denise (*Pontferrand*) ; Devant l'Ennemi (*Briscart*) ; Le Sursis (*le Major*) ; L'Alliance Franco-Russe (*le baron Steinitz*) ; La Maison du Baigneur (*Hugues*) ; Tailleur pour Dames (*Etienne*) ; Charlotte Corday (*Un vieux Gentilhomme*) ; La Belle Gabrielle (*Brissac*) ; La Comtesse Sarah (*le Capitaine Adhémar*) ; Le Bâtard rouge (*Bourniquet*) ; L'Ange de Minuit (*Verner*) ; Le Choix d'un Gendre (*François*) ; La Mascotte (*Rocco*) ; Mam'zelle Nitouche (*le Directeur*) ; La Fille du Tambour-Major (*le duc Della-Volta*) ; Le Gamin de Paris (*M. Bizot*) ; La Fille de Mme Angot (*Larivaudière*) et l'Auberge du Tohu-bohu (*Le comte Zarifouli*).

Le succès de M. Olivier, dans ce dernier rôle d'une si originale gaîté, a été considérable. Il était d'ailleurs impossible de mieux rendre ce singulier personnage italien, en quête d'une femme pour « meubler son intérieur et soigner ses rhumatismes. »

# M. ALLIÉVI

M. Alliévi, notre grand premier rôle, est devenu acteur dans des circonstances bien singulières. Lors de son premier séjour au Mans, en 1895, le sympathique comédien a raconté de la plus agréable façon, dans le *Scapin*, son début comme artiste dramatique.

« Fils d'un tapissier-décorateur de Marseille, dit-il, j'étais « destiné par la volonté paternelle à suivre la carrière des « beaux-arts, pour laquelle d'ailleurs j'avais un goût prononcé; « je cultivais à la fois la peinture et la sculpture.

« Me trouvant en villégiature à Nice, en 1873, et butinant à « droite et à gauche quelques études d'après nature, j'eus l'occa- « sion de me lier avec quelques-uns des artistes qui compo- « saient la troupe du Théâtre-Français.

« Un beau jour le premier rôle disparut, laissant son « directeur, M. Avette, dans le plus cruel embarras. On était à « la veille de la première représentation du *Bossu* et pas de « Lagardère ! J'avais suivi toutes les répétitions de l'ouvrage « et je me surprenais chez moi à réciter les principales tirades « du rôle. Une idée folle me traversa l'esprit : Si je m'offrais « à remplacer le fugitif... Je m'offris et je fus accepté ! Dame, « il fallait sauver la recette, quitte à voir huer le Lagardère « d'occasion ! Il n'en fut rien ; de l'avis de tous mes camarades, « on aurait dit que je n'avais jamais fait que ça.

« Le lendemain de la première, M. Avette m'offrit sérieuse-
« ment de remplacer pour tout de bon le fugitif, qui depuis a
« fait les délices des principaux théâtres comme baryton
« (M. Coste); et moi, ébloui par le succès que je ne devais
« qu'à la beauté du rôle, je signais un engagement de six mois,
« comptant reprendre après cette fugue ma palette et mes
« ébauchoirs.

Mais, vous le savez, l'homme propose et les circonstances disposent.

L'engagement de M. Alliévi fut renouvelé par M. Avette, en 1874. Le jeune comédien, grisé par ses premiers succès, ne songea bientôt plus à quitter la scène. Il se rendit à Montpellier où il resta de 1875 à 1878, puis à Lyon, 1879, et à Cannes, 1880.

Vers la fin de la saison, M. Alliévi fut, par suite d'une méprise, victime d'un guet-apens : « il reçut un formidable coup de canne à épée qui le laissa pour mort. »

« Refroidi du métier par cette aventure malencontreuse,
« ajoute-t-il, je me retirai à Marseille, et pendant 10 ans, je
« devins marin-armateur à bord d'un petit yacht, *La Mignonne*.
« Un nouveau hasard devait me faire reprendre le théâtre :
« j'arrivais d'une croisière, sur les côtes de la Corse, lorsque je
« reçus la visite d'un ancien camarade qui entreprenait une
« série de représentations d'un drame militaire, *Masséna*, au
« Théâtre du Cirque à Nice. Il me tenta si bien que je désarmai
« *La Mignonne*. Je repris les planches que je n'ai plus quittées
« depuis. J'étais premier rôle et administrateur à Constan-
« tine et Bône, en 1891-92-93; à Cette, en 1894; à Toulon,
« en 1895. J'ai créé dans cette dernière ville, Jean Vauquelin,
« de *Gigolette*, et j'ai eu le bonheur de voir la presse
« toulonnaise apprécier mes efforts dans ce rôle ingrat et
« difficile. »

M. Alliévi est un comédien consciencieux, qui joue avec beaucoup de puissance et de sûreté ; il a interprété en véritable artiste les rôles de *Cayrol* (Serge Panine) ; *Kérouan* (La Closerie des Genêts ; *Narcisse* (L'As de Trèfle) ; *Jean Vauquelin* (Gigolette) ; *Le Comte de Saint-Priest* (Les Volontaires de La Loire) ; *Jullien dit le Camelot* (Le Camelot) ; *Lesurques* et *Dubosc* (Le Courrier de Lyon) ; *Pierre Gérard* (Le Petit Jacques) ; *Morin* (Les Ouvriers) ; *Bernard* (Devant l'ennemi) ; *Pontis* (La Maison du Baigneur) ; *Marat* (Charlotte Corday) ; *Pontis* (La Belle Gabrielle) ; *Monsieur Martinel* (Musotte) ; *Le Cardinal Richelieu* (Le Bâtard rouge) ; *Le baron Lambeck* et *le Capitaine Satan* (L'Ange de minuit) ; *Henri Dumont* (Le Supplice d'une femme) ; *Pilate* (Le Christ) ; Andrès (Les Pirates de la Savane).

M. Alliévi est un homme de ressources, très précieux pour un directeur.

Non seulement il s'est montré régisseur habile, mais comme dessinateur, il a fait pour quelques affiches du théâtre des croquis que ne désavoueraient pas nos meilleurs artistes, et comme peintre, il a brossé plusieurs décors remarqués, notamment celui qui figurait au premier tableau du *Christ*.

Je dois ajouter que c'est lui qui a eu l'audacieuse mais géniale idée de la descente de croix, dont l'effet a été si imposant, si profond.

Le groupement des personnages était emprunté au tableau de Rubens.

Je suis heureux, en terminant, de rendre hommage au talent d'écrivain de M. Alliévi, qui a publié dans le *Scapin* de belles poésies et des fantaisies intéressantes.

A noter, entre autres choses, un sonnet : *Mon Rêve*, fort joli malgré l'hiatus du dernier vers, et la pièce vraiment superbe qui a pour titre : *Je l'avais dit...*

# M. NITSCH

J'ai vu M. Nitsch dans des rôles bien divers : le général de la Charnière, du *Sous-Préfet de Château-Buzard*, ne ressemble pas, il s'en faut, au vieux marin François Legoez, du *Flibustier*, et le dévoué serviteur Brissot, de *Denise*, n'a pas tout à fait les allures de l'ambitieux négociant Dremer, de *l'Auberge du Tohu-Bohu*.

Jamais je n'ai pu saisir chez cet artiste la moindre défaillance, la plus petite faiblesse, la plus légère hésitation.

M. Nitsch joue avec une sûreté, une ampleur, une autorité absolument remarquables.

La caractéristique de son beau talent, c'est un naturel parfait auquel se mêle, lorsque les circonstances l'exigent, une délicieuse bonhomie, pleine de finesse malicieuse et discrète.

C'est, je crois, dans le *Flibustier* que le sympathique comédien a obtenu son plus vif succès. Cette pièce superbe, colorée, aux pensées saines, aux rimes sonores, convenait particulièrement au tempérament du brillant artiste qui, entre parenthèses, dit admirablement les vers.

Il a donné à la physionomie du vieux loup de mer

Legoez un étonnant cachet de bonté douce et d'enthousiasme sincère.

Quand on voit avec quel respect, quel amour il parle du métier de marin et de l'immense étendue liquide si profondément intéressante avec ses tons changeants ; quand on l'entend vanter la mer, si capricieuse mais toujours si belle à voir, soit que la vague souple, docile et caressante s'allonge languissamment sur la grève, soit que le flot s'élève, menaçant et terrible, pour rouler avec un bruit épouvantable, il semble qu'une brise toute parfumée venant du large rafraîchit l'atmosphère surchauffée de la salle et qu'on respire cet air salin si agréable et si fortifiant.

Au reste, M. Nitsch est rompu à toutes les petites ficelles que doit connaître un acteur : il appartient au théâtre depuis plus de quarante ans.

Né à Paris, rue Vieille-du-Temple, le 29 décembre 1834, il passa, dans les ateliers de peinture et de sculpture, les premières années de sa jeunesse. Il obéissait en cela à la volonté, formellement exprimée, de ses parents.

Toutefois, le jeune homme avait d'autres idées : l'atmosphère théâtrale l'attirait ; les feux de la rampe le fascinaient.

Il abandonna promptement ses crayons et ses pinceaux et ne tarda pas à débuter, en qualité de jeune premier, à *Beaumarchais*, où il resta quatre ans. Il alla ensuite à *Déjazet*, puis aux *Délassements comiques*. En quittant cette dernière scène, il fut engagé à Cluny où il passa trois ans. Il s'y maria.

Il prit alors la résolution de parcourir la province :

Phototypie G. GUÉNET — Cliché J. TARPENT



Mlle GRATIA

Phototypie G. GUÉNET — Cliché J. TARPENT



M. DERVILLE

Les principales villes où il tint l'emploi, soit de jeune premier rôle, soit des grands premiers rôles, furent Versailles, Toulouse, Nancy, Rouen, Caen, où il fit la connaissance de M. Rochette, Cherbourg, Angers et Brest.

Partout il obtint les bravos d'un public que le talent de l'artiste avait su charmer.

Engagé au Mans comme père noble pour la saison 1897-1898, il a impeccablement interprété les rôles de : *François Legoez* (Le Flibustier); *Le comte d'Estère* (La Closerie des Genêts) ; *Le Maire* (Les Femmes collantes) ; *Robert* (L'As de trèfle) ; *Le père Legrand* (Sapho); *Le Président des Assises* (Gigolette) ; *Baron de la Coudrette* (Les Volontaires de la Loire) ; *Général de la Charnière* (Le Sous-Préfet de Château-Buzard) ; *Le Curé* (Le Pater); *Letellier* (Feu Toupinel) ; *M. de Viviane* (Le Camelot) ; *Trousselet* (Le Fiacre 117) ; *Jérôme* (Le Courrier de Lyon) ; *Marquis de Riverolles* (Francillon) ; *Le comte Maximien* (Le Petit Jacques) ; *Brissot* (Denise) ; *Le général de Moissac* (Devant l'ennemi) ; *Le Président* (La Maison du Baigneur) ; *Vergniaud* (Charlotte Corday); *Crillon* (La Belle Gabrielle) ; *Le général de Canhaleilles* (La comtesse Sarah) ; *M. de Petit-Pré* (Musotte) ; *Le duc de Belyeuse* (Le Bâtard rouge) ; *Le comte de Stromberg* (L'Ange de minuit) ; *Bidonneau* (Le choix d'un Gendre) ; *Dremer* (L'Auberge du Tohu-Bohu) ; *Monte-Prade* (L'Aventurière) ; *Le baron de Montrichard* (Bataille de Dames) ; *Le Centurion* (Le Christ) ; *Vargas* (Les Pirates de la Savane).

# M. CHEVALIER

J'éprouve un plaisir particulier à parler de ce comédien travailleur et consciencieux, qui possède à un degré élevé le respect de son art.

M. Chevalier se préoccupe uniquement de donner aux rôles dont il est chargé leur physionomie réelle, précise. Il étudie minutieusement ses personnages en tenant compte du temps, des mœurs, des circonstances multiples qui les environnent. Aussi arrive-t-il à montrer chacun sous son véritable jour, avec le caractère qui lui convient, et il sait donner à tous une étonnante intensité de vérité et de vie.

Le public, qui se laisse prendre parfois à certains trucs de métier destinés à forcer, d'une manière outrée, l'attention des spectateurs, a compris la sincérité d'un talent qu'un labeur incessant met en relief et augmente chaque jour.

Bien souvent, d'enthousiastes bravos ont récompensé le vaillant acteur de ses efforts intelligents et soutenus.

M. Chevalier appartient à une famille d'artistes. Son père était un comédien très estimé et son frère est actuellement régisseur à Bordeaux, au Théâtre des Arts que dirige, avec une compétence et une habileté remarquables, M. Depay.

Né en 1865, à Marseille, notre jeune premier rôle débuta

à Bordeaux. Il y resta dix ans, soit au Théâtre des Arts, soit aux Bouffes-Bordelais, où il créa le principal personnage de *Pour la Patrie*.

Il alla ensuite à Nice, à Liège, à Paris.

Partout il obtint les succès les plus flatteurs.

M. Chevalier brille surtout dans les rôles qui exigent beaucoup d'émotion, d'énergie et de chaleur.

Il s'est montré vraiment supérieur dans le Pater, sous les traits de *Jacques Leroux*, l'officier communard traqué par les Versaillais ; mais c'est dans le Christ, la magnifique pièce de M. Grandmougin qu'il a obtenu son plus complet triomphe.

Cette dignité majestueuse que conserve Jésus au milieu de ses plus cuisantes souffrances, cette sérénité qui est la marque distinctive de la force dans l'innocence des faits et dans la pureté des mœurs et des intentions, ce sacrifice sublime accompli avec une simplicité et un courage si admirables : tout cela a été rendu par l'artiste avec une grandeur saisissante et une étonnante exactitude.

M. Chevalier s'est fait remarquer en outre dans Serge Panine (*Serge*) ; La Closerie des Genêts (*le Marquis de Montéclain*) ; Le Flibustier (*Jacquemin*) ; l'As de Trèfle (*Marcel*) ; Sapho (*Jean Gaussin*) ; Gigolette (*de Margemont*) ; Les Volontaires de la Loire (*Robert*) ; Le Camelot (*Durtal*) ; Francillon (*Lucien de Riverolles*) ; Le Petit Jacques (*Henri de Laverdac*) ; Denise (*André de Bardannes*) ; Devant l'Ennemi (*Georges de Nellot*) ; La Maison du Baigneur (*Bernard*) ; Charlotte Corday (*Danton*) ; La Belle Gabrielle (*Espérance*) ; La Comtesse Sarah (*Le Capitaine Pierre Séverac*) ; Musotte (*Jean Martinel*) ; Le Bâtard rouge (*le Bâtard Rouge*) ; l'Ange de Minuit (*Le docteur Ari Karnei*) ; Pour l'honneur de l'Armée (*Georges*) ; Le Supplice d'une Femme (*Jean Alvarez*) ; L'Aventurière (*Fabrice*) ; Les Dominos Roses (*Georges Duménil*) ; Bataille de Dames (*Henri de Flavigneul*) ; Les Pirates de la Savane (*Paul Bérard*).

# Mme DRÈGE

Mme Amélie Drège est une bonne comédienne, qui ne me paraît pas avoir donné au Mans la mesure exacte de ce qu'elle vaut réellement.

Sauf dans *Serge Panine*, où elle a interprété le rôle important de Mme *Desvarennes*, elle n'a pas eu l'occasion d'utiliser, d'une façon sérieuse, ses moyens artistiques.

Aucune pièce n'a mis en relief ses qualités d'actrice.

Mme Drège est née à Paris et a fait de solides études dans un pensionnat où elle eut comme camarade Sarah Bernhardt. Se sentant, comme on dit, quelque chose là, elle voulut être comédienne et débuta aux Délassements comiques ; elle alla ensuite aux variétés où elle joua les soubrettes et les grandes coquettes.

Après un engagement de peu de durée au Châtelet, elle suivit, pendant deux ans, les cours du Conservatoire et se perfectionna dans l'art de bien dire.

En pleine possession d'un beau talent, la jeune artiste se rendit à Constantinople, y resta une couple d'années, quitta la Turquie pour la Belgique et entra au théâtre du Gymnase, à Liège.

Elle revint en France et appartint au théâtre du Havre où elle obtint de magnifiques succès. Je me rappelle avoir lu dans le journal *La Hère*, un article des plus élogieux à l'adresse de l'aimable actrice.

De retour à Paris, elle fit partie du Gymnase, sous la direction Montigny et créa un rôle dans la *Comtesse Romani*, d'Alexandre Dumas. Elle jouait alors les jeunes premiers rôles.

Avant d'être engagée au Mans, Mme Drège avait parcouru la province avec la troupe Frédéric Achard, qui donnait *Georgette* et *Martyre*, deux pièces dont le succès a été retentissant.

Notre grand premier rôle a composé, de façon fort distinguée, les personnages de :

*Madame Desvarennes* (Serge Panine) ; *Léonora de Beauval* (La Closerie des Genêts) ; *Divonne* (Sapho) ; *Madame de Margemont* (Gigolette) ; *Marie-Anne* (Les Volontaires de la Loire) ; *Lucienne de Viriane* (Le Camelot) ; *Jeanne* (Le Courrier de Lyon) ; *Thérèse Smith* (Francillon) ; *Jeanne-Marie* (Le petit Jacques) ; *Jeanne* (Les Ouvriers) ; *Madame de Tauzette* (Denise) ; *Madame de Moissac* (Devant l'ennemi) ; *Marie de Médicis* (La Maison du Baigneur) ; *Madame Roland* (Charlotte Corday) ; *Henriette d'Entragues* (La Belle Gabrielle) ; *Régina de Silva* (Le Bâtard rouge) ; *Catherine Kœrner* (L'Ange de minuit) ; *La Comtesse d'Autreval* (Bataille de Dames) ; *La Vierge* (Le Christ) ; *Hélène* (Les Pirates de la Savane).

# M. Émile DERVILLE

M. E. Derville, inscrit sur les registres de l'état civil sous le nom de Durafour, est né à Paris le 26 mai 1873.

Il est issu d'une famille d'artistes : c'est un véritable enfant de la balle.

Son oncle, M. Emile Durafour, est un auteur connu, qui fit partie de plusieurs théâtres parisiens et fut pendant vingt ans administrateur du Concert de la Pépinière.

M. Derville se trouva donc plongé, dès sa plus tendre enfance, dans cette atmosphère bien spéciale qu'il faut respirer longtemps pour devenir habile comédien.

A 4 ans, il jouait dans *Les Misérables* le rôle de la petite Cosette. Il continua à se faire applaudir dans des personnages d'enfants, tant à Paris qu'en province.

Après avoir fait de bonnes études élémentaires, il embrassa définitivement la carrière artistique et prit l'emploi de jeune premier comique. Il appartint en cette qualité au théâtre de Belleville, aux Bouffes du Nord, au Château-d'Eau et à Déjazet. Puis il parcourut la province : la France d'abord, la Belgique ensuite où il fut engagé au théâtre du Vaudeville, à Bruxelles, alors dirigé par M. Boyer.

Mais notre jeune comique venait d'atteindre sa vingtième année. Il quitta le pays de la bonne bière et revint en France pour accomplir son service militaire. Il faut faire son devoir, savez-vous Monsieur !

Après une année passée au 54e de ligne, M. Derville reprit ses chères occupations et entra au théâtre de Pau dont il fut le régisseur général. Il alla ensuite à Rouen où il occupa les mêmes fonctions. De là, il vint au Mans.

Avant de devenir le pensionnaire de M. Rochette, l'excellent comique avait passé plusieurs saisons d'été dans différentes stations balnéaires : Dieppe, Le Havre, Trouville, Cauterets, etc.

M. Derville est un joyeux vivant, plein de rondeur, de vivacité et d'entrain.

La gaieté tient assurément une place énorme dans son existence. Le rire lui semble bon et lui est sain ; la blague doit faciliter sa digestion.

Au reste, artiste de grand mérite, parfaitement à l'aise sur la scène, très maître de lui, qui connait à fond tous les petits côtés du métier et qui s'en sert avec une merveilleuse adresse.

M. Derville a provoqué les bravos, parfois enthousiastes du public, par la façon dont il a interprété les rôles de : *Savinien Desvarennes* (Serge Panine) ; *Gigolet* (C'est une femme du monde) ; *Aly* (La Closerie des Genêts) ; *Badinois* (Les Femmes collantes) ; *Briolet* (L'As de Trèfle) ; *Césaire* (Sapho) ; *Gustave Maupertuis* (Gigolette) ; *Henri Duval* (Les Surprises du divorce) ; *Mathieu* (Les Volontaires de la Loire) ; *Georges* (Le Sous-Préfet de Château-Buzard) ; *Duperron* (Feu Toupinel) ; *Le Puceron* (Le Camelot) ; *Jean Belgarde* (Le

Fiacre 117); *Gaston* (Un gendre qui dompte sa belle-mère); *Choppard* (Le Courrier de Lyon); *Chambly* (Les Femmes qui pleurent); *Moricet* (Monsieur chasse); *Fernand de Tauzette* (Denise); *Henri Bernard* (Devant l'ennemi); *Lestamboulois* (Le Sursis); *La Vienne* (La Maison du Baigneur); *Moulineaux* (Tailleur pour dames); *Henri IV* (La Belle Gabrielle); *Léopold Frossard* (La Comtesse Sarah); *Capestoc* (Le Bâtard rouge); *Beckmann* (L'Ange de minuit); *Célestin* (Mam'zelle Nitouche); *Montabor* (La Fille du Tambour-Major); *Bel Œil* (L'Auberge du Tohu-Bohu); *Beaubuisson* (Les Dominos roses); *Gontran* (Prête-moi ta femme); *Piroine* (Les Pirates de la Savane).

# M. SAINT-ISLES

Né le 8 décembre 1871 à Paris, M. Saint-Isles, après avoir fait de sérieuses études à l'Ecole commerciale des Francs-Bourgeois, se disposait à embrasser la carrière de dessinateur en passementerie lorsque des circonstances imprévues vinrent modifier ses goûts et donner une autre direction à ses idées.

Ses parents habitaient, dans la rue Gay Lussac, l'immeuble où Mounet Sully se reposait de ses triomphes et de sa gloire. La chambre à coucher du futur acteur se trouvait juste au dessus des appartements du célèbre comédien.

« Bien souvent, la nuit, dit M. Saint-Isles, j'entendais le grand tragédien déclamer ses rôles et j'admirais, tout frémissant, ces inflexions de voix tantôt douces comme la brise parfumée des nuits, tantôt impétueuses comme l'Océan. Cela me donna l'idée d'apprendre des vers ».

Comme on peut le voir par cette citation, le langage de notre jeune premier amoureux ne manque pas de poésie.

M. Saint-Isles, pour se mettre en appétit, commença par étudier un poème d'une cinquantaine de pages — tout simplement — où il était question de la bataille de Wœrth.

Ayant été invité à un grand banquet, à l'occasion du réveillon, il crut devoir réciter, au dessert, ce long et indigeste morceau. Il s'en tira si bien qu'on ne l'arrêta qu'à la 25e page et que l'un des auditeurs le complimenta chaleureusement et lui remit un mot de recommandation pour M. Paul Albert, l'administrateur du théâtre Montparnasse.

Trois semaines plus tard, il y était engagé aux appointements de 30 francs par mois.

Vingt sous par jour !...

M. Saint-Isles fit alors des rêves dorés et construisit des châteaux en Espagne.

Mais sa famille montra moins d'enthousiasme ; elle en montra même si peu que l'artiste en herbe dut abandonner les planches pour entrer chez un éditeur de musique qui, peu de temps après, fit de mauvaises affaires.

Sans emploi et sans argent, il se tourna à nouveau du côté du théâtre et entra à la Nouvelle Bastille, où il joua la pantomime.

Il alla ensuite à Bobino puis passa à Beaumarchais, où il reçut pour trois mois de représentations la somme invraisemblable de huit francs. C'est dire qu'il ne fut pour rien dans la faillite que subit le directeur de ce théâtre.

Les parents du jeune comédien comprirent enfin que toute résistance serait inutile. Ils finirent par laisser carte blanche à leur fils.

M. Saint-Isles prit des leçons d'un excellent maître, M. Paul Mounet, dont il a conservé un souvenir attendri. Après avoir joué à Troyes (1890-1891), à la Rochelle (1891-1892), en Belgique (1892-1894), il fut, à la suite d'un examen, admis à suivre les cours du Conservatoire de Paris et resta, comme auditeur, pendant 7 mois dans la classe de Dupont-Vernon.

N'ayant pas de ressources personnelles, notre jeune comédien fut obligé de reprendre la scène. Il contracta des engagements à Cherbourg (1894-1895), à Montpellier (1895-1896), à Reims (1896-1897), à Verdun et au Mans (1897-1898).

Il a interprété, sur notre scène, les rôles de : *Didier* (Le Courrier de Lyon) ; *Henri de Simeux* (Francillon) ; *Albert de Rieux* (Les Femmes qui pleurent) ; *Georges de Laverdac* (Le petit Jacques) ; *Arthur de Plansec* (Le Fiacre 117) ; *Gontran* (Monsieur chasse) ; *Marcel* (Les Ouvriers) ; *Pierrot* (Le Baiser) ; *Le Sergent* (Devant l'ennemi) ; *La Feuillette* (Le Sursis) ; *Lubranoff* (L'alliance franco-russe) ; *Louis XIII* (La Maison du Baigneur) ; *Barbaroux* (Charlotte Corday) ; *Un Avocat* et *Le docteur Bernay* (Gigolette) ; *Pierre Delarue* (Serge

M. OLIVIER

M^lle GIRARDOT

Panine) ; *Rosny* (La Belle Gabrielle) ; *Hector de Pompéran* La Comtesse Sarah) ; *Lagneau* (La Femme) ; *Champeaux* (Les Surprises du divorce) ; *Léon de Petit-Pré* (Musotte) ; *Adrien* (La joie fait peur) ; *de Navailles* (Le Bâtard rouge) ; *Karl de Stromberg* (L'Ange de minuit) ; *Le sergent Parafente* (La Mascotte) ; *Gustave*, officier (Mam'zelle Nitouche) ; *Jules Merkel* (Pour l'honneur de l'armée) ; *Le marquis de Bambini* (La fille du Tambour-Major) ; *Amédée* (Le Gamin de Paris) ; *Saturnin Moulinet* (L'Auberge du Tohu-Bohu) ; *Horace* (L'Aventurière) ; *Trénitz* (La Fille de Madame Angot) ; *Paul Aubier* (Les Dominos roses) ; *Rissolin* (Prête-moi ta femme) ; *Zénon* et *Le bon Larron* (Le Christ) ; *Jules* (Les Pirates de la Savane).

M. Saint-Isles est un magnifique exemple de ce que peut un labeur persévérant joint à de réelles aptitudes.

Il eut des tournants fort difficiles : le problème de l'existence pendant l'été avec les quelques sous péniblement économisés l'hiver se dressa plus d'une fois devant lui terrible, menaçant.

Beaucoup, à sa place, se seraient découragés, auraient comme on dit, jeté le manche après la cognée ; beaucoup auraient abandonné une voie si épineuse au point de départ, si encombrée et parfois si heurtée et si dangereuse.

Le vaillant artiste, lui, ne se rebuta pas. Il eut raison.

Sa ténacité, ses efforts soutenus ont été couronnés de succès : il est aujourd'hui arrivé, apprécié.

Sa diction parfaite, sa façon de dire, la précision de son geste, la sincérité et la sobriété de son jeu font de lui un acteur de mérite.

Ou je me trompe fort ou M. Saint-Isles deviendra un comédien d'une exceptionnelle valeur qui sera recherché par les directeurs de théâtre.

Il appartient, en effet, à cette catégorie de travailleurs, de lutteurs robustes, chez qui le talent est étayé d'un courage à toute épreuve et d'une foi inébranlable.

# M. BARILLIER

Tout artiste vraiment digne de ce nom a sa corde particulière qui l'empêche d'être complètement perdu, noyé dans la masse et qui forme, si je puis m'exprimer ainsi, la *personnalité*, sinon l'originalité de son talent !

Tel se fait remarquer par son jeu souple et fin ; tel autre, par son énergie, sa puissance ; tel autre encore, par sa bonhomie spirituelle et charmante.

Chez M. Barillier, la note dominante c'est l'étonnement ; non pas la vulgaire surprise que tout le monde peut éprouver dans certaines circonstances et à un degré plus ou moins élevé, mais un étonnement prolongé, énorme, invraisemblable, qui arrondit, de la plus comique façon, ses petits yeux vifs et malicieux et lui fait ouvrir une bouche qu'on n'aurait jamais soupçonnée si grande.

Et ce n'est pas seulement la physionomie de l'artiste qui se trouve modifiée par un ahurissement poussé parfois à des limites extrêmes ; c'est aussi la tenue, le geste, tout l'ensemble de sa personne.

M. Barillier, c'est l'étonnement personnifié, devenu comédien.

Cet artiste a beaucoup plu au public manceau qui l'a applaudi dans *Herzog* (Serge Panine) ; *Pornic* (La Closerie des Genêts) ; *Paturon* (C'est une Femme du monde) ; *Cam-*

*pluchard* (Les Femmes collantes) ; *Trouillac* (L'Invité) ; *Pigeon* (L'As de Trèfle) ; *Caoudal* (Sapho) ; *Sosthène* (Gigolette) ; *Jean-Pierre* (Les Volontaires de la Loire) ; *Léopold* (Le Sous-Préfet de Château-Buzard) ; *François* (Feu Toupinel) ; *Henri Destours* (Chez le Dentiste) ; *Bibi-la-Purée* (Le Camelot) ; *Vaucresson* (Le Fiacre 117) ; *Fouinard* (Le Courrier de Lyon) ; *Stanislas de Grandredon* (Francillon) ; *Polyte Louchon* (Le petit Jacques) ; *Duchotel* (Monsieur chasse) ; *Thouvenin* (Denise) ; *Le commandant de mobiles* (Devant l'ennemi) ; *Manillon* (Le Sursis) ; *Lord Multon* (L'Alliance franco-russe) ; *du Bourdet* (La Maison du Baigneur) ; *Bassinet* (Tailleur pour dames) ; *Siéyès* (Charlotte Corday) ; *Zamet* (La Belle Gabrielle) ; *Le docteur Ranspack* (L'Ange de minuit) ; *Noël* (La joie fait peur) ; *Moulinet* (L'Auberge du Tohu-Bohu) ; *Don Annibal* (L'Aventurière) ; *Philippe* (Les Dominos roses) ; *Gustave de Grignon* (Bataille de Dames) ; *Rabastoul* (Prête-moi ta femme) ; *Pierre* (Le Christ) ; *Jonathan* (Les Pirates de la Savane).

# M^me BARILLIER

Mme Barillier doit son succès à son jeu plein d'entrain. à la mobilité de sa physionomie, au passage brusque, saisissant, quelquefois même imprévu d'un mouvement à un autre.

Vous la voyez sévère, triste, presque sombre ; sans transition aucune, un éclat de rire retentit ; ses traits se détendent et son visage prend une expression de franche gaîté. Puis, au beau milieu de cette explosion joyeuse, subitement, complètement, le rire s'arrête et la figure reprend un air froid qui se nuance parfois d'une pointe de dédain.

Il va sans dire que ces transformations ne sont nullement fantaisistes : elles répondent aux situations.

Inutile d'ajouter que, dans ces conditions, les rôles qui offrent des contrastes nombreux et violents sont ceux où l'artiste a le plus brillé.

Mme Barillier a rendu d'intéressante façon, les personnages de *Pervenche* (C'est une Femme du Monde) ; de *Madeleine* (La Closerie des Genêts) ; d'*Irma de Saint-Mamilla* (Les Femmes collantes) ; de *Julia d'Auberval* (L'As de Trèfle) ; de *Francine* (Sapho) ; de *La Sauterelle* (Gigolette) ; de *Diane* (Les Surprises du Divorce) ; de *Rosine* (Les Volontaires de la Loire) ; de *Simonnette* (Le Sous Préfet de Château-Buzard); d'*Angèle* (Feu Toupinel); de *Chichette* (Le Camelot); d'*Anaïs* (Le Fiacre 117); d'*Elisa* (Francillon); de *Delphine* (Les Femmes qui pleurent); de *La Comtesse Davrigny* (Le petit Jacques); de *Léontine* (Monsieur chasse); de *Marinette* (Le Sursis); de *Sylvie* (La Maison du Baigneur); de *Rosa* (Tailleur pour Dames); de *Mathilde de Pierrevol* (La joie fait peur); de *Mandolina* (Le choix d'un gendre); de *Corinne* (Mam'zelle Nitouche); de *Madame Larcey* (Le Supplice d'une femme); de *Madame Malicorne* (L'Auberge du Tohu-Bohu).

# M. GASSER

M. Gasser, c'est *Maréchal*, de Serge Panine ; *Rodolphe*, des Femmes collantes ; *Mondétour*, de l'As de Trèfle ; *de Poter*, de Sapho ; *Le grand Charles*, de Gigolette ; *Corbulon*, des Surprises du Divorce ; *Raoul de Saint Priest*, des Volontaires de la Loire ; *Tisonnier*, du Sous-Préfet de Château-Buzard ; *Valaury*, de Feu Toupinel ; *Varlain*, du Camelot ; *Benjamin*, du Fiacre 117 ; *Daubenton*, du Courrier de Lyon ; *Pinguet*, de Francillon ; *de la Roseraie*, du Petit Jacques ; *Jacques Marsay*, de Devant l'Ennemi ; *Lagriffoul*, du Sursis ; *Siete Iglesias*, de la Maison du Baigneur ; *Aubin*, de Tailleur pour Dames ; *Robespierre*, de Charlotte Corday ; *La Ramée*, de la Belle Gabrielle ; le *Colonel Merlot*, de la Comtesse Sarah ; le *docteur Pellerin*, de Musotte ; *Lopez de Sylva*, du Bâtard rouge ; *Garden*, de l'Ange de Minuit ; *Le Major*, de Mam'zelle Nitouche ; *Clampas*, de la Fille du Tambour-Major ; *Le Rougeaud*, de l'Auberge du Tohu-Bohu ; *Louchard*, de la Fille de Madame Angot ; *Judas*, du Christ ; *Ribeiro*, des Pirates de la Savane.

Dans tous ces rôles, l'artiste a fait preuve de très réelles qualités. Les personnages militaires surtout ont été rendus par lui avec un véritable bonheur.

Peut-être y a-t-il dans sa manière de *jouer* les officiers un souvenir, une vision du temps où, engagé volontaire, il accomplissait son service militaire.

D'ailleurs ses parents, domiciliés à Troyes, désiraient lui voir embrasser la carrière des armes.

Mais le futur comédien avait plus de goût pour les planches que pour le galon : il quitta la caserne et entra dans une troupe théâtrale.

Avant d'être engagé au Mans, M. Gasser a tenu l'emploi de 3e rôle dans les villes de Toulouse, Bordeaux, Nîmes, Grenoble, Angers, Amiens et le Havre.

# M^me^ GASSER

M^me^ Gasser est née à Nantes.

De bonne heure elle montra un goût prononcé pour le théâtre ; mais, pendant longtemps, des raisons de famille l'empêchèrent de réaliser son désir d'être comédienne.

Depuis neuf ans seulement, M^me^ Gasser appartient à la scène.

Artiste fort bien douée, elle a tenu l'emploi de Desclauzas et s'est fait applaudir, non seulement dans le drame et la comédie, mais encore dans l'opérette.

Les Manceaux se rappellent certainement la façon piquante dont elle chanta, avec M. Barillier, la chanson des *Vieux meubles*, dans l'Auberge du Tohu-Bohu.

Après avoir joué, non sans succès, à Toulouse, Bordeaux, Nîmes, Grenoble, Angers, Amiens et le Havre, M^me^ Gasser a interprété au Mans les rôles de :

*Madame Mourillon* (Les Femmes collantes) ; *Madame Hettéma* (Sapho) ; *Madame Armand* (Gigolette) ; *Madame Bonivard* (Les Surprises du Divorce) ; *Françoise Grison* (Les Volontaires de la Loire) ; *Noémie* (Le Sous-Préfet de Château-Buzard) ; *Zélie* (Le Pater) ; *Justine* (Le Camelot) ; *Madame Beauvallon* (Un gendre qui dompte sa belle-mère) ; *La mère Ropiquet* (Le petit Jacques) ; *Madame Latour* (Monsieur chasse) ; *Madame Brissot* (Denise) ; *Laurence*

(Le Sursis); *Madame des Noyers* (La Maison du Baigneur); *Madame Aigreville* (Tailleur pour Dames) : *Madame Bretteville* (Charlotte Corday) ; *Madame Felache* (Musotte) ; *Madame des Aubiers* (La joie fait peur) ; *Marthe Burna* (L'Ange de Minuit) ; *La Supérieure* (Mam'zelle Nitouche) ; *Madame Lecomte* (Pour l'honneur de l'armée) ; *La Duchesse Della Volta* (La Fille du Tambour-Major) ; *Madame Meunier* (Le Gamin de Paris) ; *Madame Moulinet* (L'Auberge du Tohu-Bohu) ; *Amaranthe* (La Fille de Madame Angot) ; *Madame Beaubuisson* (Les Dominos roses).

# M^lle GIRARDOT

M^lle Girardot, quoique toute jeune encore, n'est pas précisément une débutante.

A quinze ans, elle fut engagée comme ingénuité à Bordeaux; elle alla ensuite à Anvers, à Bruxelles, à Gand. Elle se trouvait à Rouen au moment où M. Rochette lui proposa de venir au Mans en qualité de jeune première ingénuité.

M^lle Girardot possède bien le physique de l'emploi. Son air de simplicité naïve, joint à la sincérité de son jeu et parfois aussi à l'expression d'étonnement qui se peint sans effort sur sa physionomie a plu au public qui ne lui a pas ménagé les bravos dans *Micheline Desvarennes* (Serge Panine); *Lucile* (La Closerie des Genêts); *Urgèle* (Le Baiser); *Janik* (Le Flibustier); *Jeanne* (L'As de Trèfle); *Irène Vitalis* (Sapho); *Marion* et *Geneviève* (Gigolette); *Gabrielle* (Les Surprises du Divorce); *Raymonde* (Chez le Dentiste); *Adèle* (Le Fiacre 117); *Julie* (Le Courrier de Lyon); *Annette de Riverolles* (Francillon); *Hélène* (Les Ouvriers); *Marthe de Bordannes* (Denise); *Jeanne de Moissac* (Devant l'Ennemi); *Geneviève* (Le Sursis); *Anne d'Autriche* (La Maison du Baigneur); *Suzanne* (Tailleur pour Dames); *Albertine Marat* (Charlotte Corday); *Blan-*

*che de Cygne* (La Comtesse Sarah) ; *Gilberte Martinel* (Musotte) ; *Blanche* (La Joie fait peur) ; *Marguerite de Stromberg* (L'Ange de Minuit) ; *Miss Maud* (L'Auberge du Tohu-Bohu) ; *Célie* (L'Aventurière) ; *Cydalise* (La Fille de Mme Angot) ; *Angèle* (Les Dominos roses) ; *Léonie* (Bataille de Dames).

Mlle Girardot entretient les meilleures relations avec messire Apollon qui lui suggère les pensées les plus charmantes, les idées les plus délicates.

Elle a publié dans le *Scapin* des poésies pleines de fraîcheur et de sentiment, auxquelles il manque peu de chose, en vérité, pour être parfaites.

M^lle HOUDAILLIER

# Mlle GRATIA

S'il est juste de décerner aux principaux artistes d'une troupe les éloges auxquels ils ont droit, il est bon aussi de ne pas passer sous silence les talents naissants.

C'est pourquoi Mlle Gratia doit avoir sa part des compliments mérités que je suis heureux d'adresser, à des degrés divers, bien entendu, aux pensionnaires de M. Rochette.

Mlle Paulette Gratia est née à Asnières le 21 juin 1879.

Toute jeune elle s'occupa de théâtre et tint avec succès quelques rôles d'enfants, tant à Paris qu'en province. Elle fit partie, notamment, d'une troupe qui entreprit une grande tournée avec la pièce de l'Odéon : *Une Page d'amour*. Sous les traits de la *petite Jeanne*, elle recueillit partout de précieux encouragements.

Mais la saison qu'elle vient de passer au Mans en qualité de seconde ingénuité, doit être considérée comme son premier engagement vraiment sérieux

Mlle Gratia a fort bien interprété les rôles de *Suzanne Herzog* (Serge Panine) ; *Mathurine* (La Closerie des Genêts) ; *Marguerite Mourillon* (Les Femmes collantes) ; *Alice Doré* (Sapho) ; *Clara* (Gigolette) ; *Joannès* (Les Volontaires de la Loire) ; *Cécile* (Le Fiacre 117) ; *Suzanne* (Un Gendre qui dompte sa belle-mère) ; *Joliquet* (Le

Courrier de Lyon); *Clotilde* (Les Femmes qui pleurent); *Clarisse de Pontferrand* (Denise); *Berthe* (L'Alliance franco-russe); *Aubin* (La Maison du Baigneur); *Yvonne* (Tailleur pour Dames); *Gratienne* (La Belle Gabrielle); *Madeleine Merlot* (La Comtesse Sarah); *Madame Bourniquet* (Le Bâtard rouge); *Francesca* (La Mascotte); *Joseph* (Le Gamin de Paris); *Rose* (L'Auberge du Tohu-Bohu); *Thérèse* (La Fille de Mme Angot); *Hortense* (Les Dominos roses); *Angèle* et *Edith* (Prête-moi ta Femme); *Un Ange* (Le Christ); *le Guide* (Les Pirates de la Savane).

Vive, alerte, très gracieuse, Mlle Gratia joue avec beaucoup de goût et d'exactitude. Lorsqu'elle aura acquis cette sûreté que peut seule donner une pratique suffisamment longue de la scène, elle fera, cela n'est pas douteux, une excellente artiste.

# Mlle HOUDAILLIER

Mlle Houdaillier, elle aussi, est une débutante.

Heureusement douée, jeune et gentille, elle possède tout ce qu'il faut pour réussir.

La façon dont elle a tenu les rôles qui lui ont été confiés cet hiver fait bien augurer de son avenir.

Les pièces où elle a paru au Mans sont les suivantes : C'est une femme du monde (*Giboulette*) ; La Closerie des Genêts (*Périne*) ; Les Femmes collantes (*Rose*) ; Le Flibustier (*Une jeune fille*) ; L'As de trèfle (*Clara*) ; Gigolette (*Amandine*) ; Les Surprises du Divorce (*Victoire*) ; Les Volontaires de la Loire (*Josète*) ; Le Sous-Préfet de Château Buzard (*Ursule*) ; Feu Toupinel (*Joséphine*) ; Le Camelot (*Une jeune femme*) ; Un gendre qui dompte sa belle-mère (*Clarisse*) ; Le Courrier de Lyon (*La Nièce du maître de poste*) ; Monsieur chasse (*Babet*) ; Devant l'ennemi (*Thérèse*) ; Le Sursis (*Joséphine*) ; L'Alliance franco-russe (*Mariette*) ; Tailleur pour dames (*Mme d'Herblay*) ; Charlotte Corday (*Une jeune dame*) ; La Belle Gabrielle (*Un page*) ; La Comtesse Sarah (*Zoé de Pompéran*) ; Musotte (*Lise Babin*) ; L'Ange de minuit (*Agar*) ; La Mascotte (*Carlo*) ; Mam'zelle Nitouche (*Lydie*) ; La Fille du Tambour-

Major (*Lucrezia*); L'Auberge du Tohu-Bohu (*Mariette*); La Fille de Mme Angot (*Manon*); Les Dominos roses (*Fœdora*); Prête-moi ta femme (*Magay*); Le Christ (*Jean*); Les Pirates de la Savane (*Manuelita*).

# M. STÉPHANO

M. Stéphano (Etienne Christaki) est né à Constantinople le 7 avril 1874. Il fut élevé à Marseille.

Son père, juge au Djidjaret (tribunal de Commerce), désireux de le voir entrer dans la magistrature, lui fit commencer ses études de droit; mais un beau jour le jeune Stéphano, qui se sentait poussé vers le théâtre, abandonna le code et dit adieu à la Faculté pour s'associer à un Directeur de troupe dramatique grecque, qui entreprenait une tournée en Orient.

Le voyage n'ayant rapporté que des déceptions, pécuniairement parlant. M. Stéphano vint en France, cette terre si hospitalière aux artistes, se rendit à Paris et alla trouver le Directeur de la Porte Saint-Martin.

M. Coquelin aîné accueillit avec bienveillance le nouveau venu et lui confia des *petits rôles*.

Après un séjour de onze mois dans la Capitale, le jeune comédien partit pour la Suisse où il contracta un engagement au théâtre de Lausanne (1896).

En 1897, il revint en France et passa la saison d'été à Brides-les-Bains (Savoie).

Les principaux rôles interprétés, non sans succès, sur notre scène par M. Stéphano ont été ceux de *La Brède* (Serge Panine); *Alfred* (C'est une femme du monde); *Hip-*

*polyte* (Les Femmes collantes) ; *Panouffe* (L'As de Trèfle); *La Borderie* (Sapho) ; *Julot* (Gigolette) ; *Jean-Marie* (Les Volontaires de la Loire) ; *Edgard* et *un Reporter* (Le Camelot) ; *Guy de Samovar* (Le Sous-Préfet de Château-Buzard) ; *Oscar* (Le Fiacre 117) ; *Jean* (Un gendre qui dompte sa belle-mère) ; *Jean* (Les Femmes qui pleurent) ; *Mathiret* (Le petit Jacques) ; *Bridois* (Monsieur chasse) ; *Perdrigeon* (Le Sursis) ; *Cadenet* (La maison du baigneur) ; *Louret* (Charlotte Corday) ; *La Livinière* (La comtesse Sarah) ; *Octave* (La joie fait peur) ; *Lutz* (L'Ange de minuit) ; *Le Gracieux* (L'Auberge du Tohu-Bohu) ; *Henri* (Les Dominos roses) ; *Beautiran* (Prête-moi ta femme) ; *Jacques* (Le Christ).

# M. ARKOFF

J'ai peu de choses à dire de cet acteur qui n'a composé que des personnages d'importance minime. Toutefois, je dois constater qu'il s'est fort bien tiré des rôles qui lui servaient d'essais.

Ses débuts — car M. Arkoff est un débutant — lui font honneur et lui permettent d'envisager l'avenir avec confiance.

Le nom du jeune comédien a figuré dans Serge Panine (*Du Tremblaye*); La Closerie des Genêts (*Maclou*); Le Flibustier (*Un pêcheur*); L'As de trèfle (*Eusèbe*); Les Surprises du Divorce (*Un paysan*); Les Volontaires de la Loire (*soldat républicain*); Le Sous-Préfet de Château-Buzard (*le Concierge*); Le Fiacre 117 (*Un municipal*); Le Courrier de Lyon (*Lambert*); Francillon (*Un domestique*); Le Petit Jacques (*Un brigadier de Police*); Monsieur chasse (*Un agent*); Denise (*Un domestique*); Devant l'Ennemi (*Un Lieutenant*); Le Sursis (*Trimart*); La Maison du Baigneur (*de Luynes*); Charlotte Corday (*Pétion*); La Belle Gabrielle (*Un officier*); La comtesse Sarah (*Un domestique*); Le Bâtard rouge (*Premier fils de Dieu*); La Mascotte (*un médecin*); Le Gamin de Paris (*Hilaire*); Le

Supplice d'une femme (*Un domestique*); Les Dominos roses (*Troisième garçon*); Le Christ (*Zacharie* et ***un soldat***); Les Pirates de la Savane (*Miguel*); Bataille de Dames (*Un domestique*).

# Mlle DAVRAY

Mlle Davray a fait les plus complètes et les plus brillantes études au Conservatoire de Liège.

Solfège, piano, harmonie, elle a tout étudié avec une intelligence qui n'avait d'égale que sa bonne volonté.

Grâce à ses efforts persévérants, à ses aptitudes, à son savoir promptement acquis, elle obtint au premier concours de déclamation lyrique, le premier prix à l'unanimité, avec félicitations du Jury, lequel était composé des sommités artistiques de la Belgique et de M. Dupuy, le comédien parisien si connu.

Ses classes terminées, Mlle Davray débuta au Grand-Théâtre de Bordeaux, en 1895-1896. L'année suivante, elle fut engagée à La Haye, puis elle vint à Paris et entra à l'Opéra-Comique où elle obtint, dans différentes œuvres, notamment dans Lakmé, l'opéra célèbre de Léo Delibes, un succès aussi vif que mérité.

Mlle Davray s'est fait entendre, au Mans, dans la Traviata (*Violetta*); Carmen (*Micaëla*); Mireille (*Mireille*); Si j'étais Roi (*Néméa*); Faust (*Marguerite*); Mignon (*Philine*); Lakmé (*Lakmé*); Hamlet (*Ophélie*);

Les Huguenots (*Marguerite*) ; La Juive (*Eudoxie*) ; Le Barbier de Séville (*Rosine*).

Mlle Davray n'est pas seulement une chanteuse de premier ordre, à la voix chaude sonore et souple, dont le timbre caressant est infiniment agréable à entendre, c'est encore une comédienne accomplie qui interprète, avec un parfait sentiment des nuances, les rôles dont elle est chargée.

Je n'en veux pour preuve que la façon dont elle a composé les personnages de *Violetta*, de *Néméa*, de *Marguerite* (Faust) et de *Lakmé*.

La représentation du Barbier de Séville lui a procuré l'occasion d'un véritable triomphe. Il est juste d'ajouter qu'elle était bien la *Rosine* la plus fine, la plus charmante qu'on puisse rêver.

Au troisième acte, à la leçon de chant, elle a détaillé avec une sûreté et une précision remarquables la valse brillante mais très difficile de J. Mertens : A la Vesprée.

Le public manceau, séduit par le brillant talent, la grâce piquante, la jeunesse aimable et la beauté si attirante de la sympathique artiste, lui a souvent témoigné son admiration par des bravos prolongés et des rappels.

# M. DASTREZ

M. Dastrez, notre premier ténor, possède une qualité précieuse : il sait chanter.

Je comprends votre sourire, cher lecteur : il veut tout simplement dire que mon compliment ressemble fort aux prix de sagesse et de bonne santé qu'on décerne, dans certains pensionnats, aux élèves qui n'ont pas réussi dans leurs compositions

Eh bien! laissez de côté, je vous prie, ce rapprochement fâcheux, cette comparaison désobligeante à l'adresse de notre sympathique chanteur.

A mon humble avis, dire d'un artiste lyrique qu'il sait chanter, c'est lui décerner un éloge dont il a le droit d'être fier.

Beaucoup. en effet, même parmi ceux qui ont l'oreille du public, ne méritent pas cette flatteuse appréciation.

Bien chanter, ce n'est pas seulement égrener des notes avec tout le respect dû au rythme, à la mesure, aux nuances même, c'est traduire la pensée du compositeur, c'est donner aux passages interprétés la couleur et le sentiment qui en forment l'âme, pour ainsi dire.

M. Dastrez chante avec un goût parfait, une méthode irréprochable

On pourrait trouver peut-être des voix plus pures que la sienne ; mais son organe qui ne manque ni de souplesse ni d'étendue, est conduit avec une adresse et une sûreté telles que l'artiste a souvent recueilli les applaudissements d'un public peu prompt à s'enthousiasmer.

M. Dastrez, originaire de Toulouse, a fait ses études au Conservatoire de Lille.

Il débuta à Paris et chanta sur diverses scènes de la Capitale ; puis il fut engagé à Montpellier où il resta deux ans et où il créa des rôles dans *Werther*, *Paillasse*, *Esclarmonde* et *l'Attaque du moulin.*

Il alla ensuite à Bordeaux, à Nancy, où *Samson et Dalila* et *La Jacquerie* lui valurent de brillants succès.

Après un séjour à La Haye, il se rendit à Lyon qu'il quitta pour venir au Mans.

M. Dastrez a interprété dans cette dernière ville : *Rodolphe d'Orbel* (La Traviata) ; *Don José* (Carmen) ; *Vincent* (Mireille) ; *Zéphoris* (Si j'étais roi) ; *Faust* (Faust) ; *Wilhem Mester* (Mignon) ; *Gérald* (Lakmé) ; *Laërte* (Hamlet) ; *Fernand* (La Favorite) ; *Samson* (Samson et Dalila) ; *Almaviva* (Le Barbier de Séville).

M<sup></sup>LLE DAVRAY

# M^lle^ PÉRALDO

M^lle^ Marie-Esther Péraldo est née à Buénos-Ayres, capitale de la République Argentine (Amérique du Sud).

Après avoir fait d'excellentes études à Paris, avec M^me^ Claire Vautier, de l'Opéra, elle débuta au théâtre khédival du Caire, où elle créa le personnage de *Kaled* dans le Roi de Lahore.

Elle fut engagée comme première dugazon au théâtre royal français de La Haye où elle obtint des succès flatteurs dans les divers rôles dont elle fut chargée. La façon dont elle interpréta l'*Amour* dans Orphée, l'œuvre célèbre de Gluck, lui valut d'unanimes bravos.

Elle se trouvait à Lyon au moment de son engagement pour Le Mans.

Jeune, gentille, d'agréable tournure, possédant une voix claire, très juste, bien timbrée, M^lle^ Péraldo a été fort goûtée du public.

Elle a réussi dans des rôles que beaucoup d'artistes n'abordent qu'en tremblant.

*Carmen*, la figure si originale, tout à la fois si séduisante et si perverse du célèbre opéra de Bizet, a été composée par notre première dugazon d'une manière exceptionnellement heureuse.

Elle s'est montrée vraiment touchante dans le personnage si sympathique de *Mignon*, et elle a rendu en excellente comédienne le rôle de *Tavern*, dans Mireille.

Mlle Péraldo s'est fait applaudir, en outre, sous les traits de *Clara* (La Traviata); *Betty* (Le Chalet); *Zélide* (Si j'étais roi); *Siébel* (Faust); *Mallika* (Lakmé); *Urbain* (Les Huguenots).

# M. ILLY

M. Illy est vraiment le chanteur rêvé comme baryton de grand opéra. Il possède un ensemble de qualités dont la réunion est aussi précieuse que rare : tenue soignée, toujours correcte ; aisance parfaite, empreinte d'une dignité quelque peu poussée parfois ; geste élégant et mesuré ; voix superbe dont l'ampleur, la sonorité et la souplesse ne laissent rien à désirer.

Artiste consciencieux et bien doué, travailleur infatigable, M. Illy recueille aujourd'hui le fruit de ses persévérants efforts. Le public s'incline, charmé, devant un talent arrivé à son complet épanouissement et témoigne souvent au chanteur son admiration par des bravos prolongés, de véritables ovations

Elève du Conservatoire de Marseille, où il obtint le premier prix de chant, notre sympathique baryton a été engagé à Liège, à La Haye, à Monte-Carlo, à Saint-Pétersbourg, à Nantes, à Rouen (Théâtre des Arts), à Aix, à Lyon.

Il avait été fort goûté du public lors de son premier séjour au Mans, en 1890-1891 ; les quelques semaines qu'il vient de passer parmi nous lui ont prouvé que l'estime dont il jouit a grandi en même temps que son talent.

En jetant un regard sur le passé, M. Illy doit se trouver satisfait du chemin parcouru. Son labeur intelligent, joint à d'heureuses dispositions, l'a conduit rapidement au sommet d'une voie toujours pénible à gravir.

Maintenant la route s'ouvre devant lui, large, unie, toute droite, resplendissante.

Il a interprété sur notre scène, pendant la saison dernière : La Traviata (*Georges d'Orbel*) ; Carmen (*Escamillo*), où son succès a été considérable; Mireille (*Ourrias*); Si j'étais Roi (*Le Roi*) ; Faust (*Valentin*) ; Lakmé (*Frédéric*) ; Les Huguenots (*Nevers*) ; La Favorite (*Alphonse XII*) ; Le Barbier de Séville (*Figaro*) et Hamlet (*Hamlet*) qui a été, pour lui, un véritable triomphe.

# M. ROUGON

M. Rougon est né au Havre le 31 juillet 1869.

Il venait de terminer son service militaire dans l'artillerie de marine et il se demandait, comme tant d'autres, de quel côté il devait tourner ses regards, diriger ses pas, lorsque le hasard, sous les espèces et apparences d'un directeur de société chorale, vint le tirer d'incertitude et orienter son existence.

M. Frémond, le chef distingué de la *Cécilienne* du Havre, dont faisait partie M. Rougon, ayant eu l'occasion d'apprécier ce dernier dans un concert, l'engagea fortement à cultiver sa voix et à essayer du théâtre.

Le jeune chanteur venait de trouver son chemin de Damas.

Engagé quelque temps après dans la *Lyre Havraise*, il reçut les mêmes conseils de M. Turbot, l'habile directeur de cette société.

M. Rougon se rendit alors à Paris, prit des leçons de

professeurs du Conservatoire et composa son répertoire avec Mme Emilie Ambre.

Très travailleur et fort bien doué, il fit des progrès étonnants et fut bientôt en état de paraître sur la scène.

Il débuta à Montpellier, comme basse noble, en 1896.

Il alla ensuite à Dijon où il tint l'emploi de basse chantante (1897-1898).

Le Mans forme son troisième engagement.

M. Rougon possède une voix étendue, souple, sonore, fort agréable. Lorsqu'elle aura acquis l'ampleur qu'une longue pratique peut seule donner, elle sera certainement classée au nombre des meilleures.

Notre artiste lyrique est, en outre, très bon comédien. Et l'on a même le droit d'être surpris de l'aisance, de la sûreté et de l'exactitude de son jeu, quand on pense qu'hier encore c'était un débutant.

Les Manceaux l'ont applaudi dans : La Traviata (*le Docteur*) ; le Chalet (*Max*) qu'il a excellemment interprété ; Carmen (*Zuniga*) ; Mireille (*Ramon*) ; Si j'étais Roi (*Cadoor*) ; Mignon (*Lothario*) ; Faust (*Méphistophélès*) ; Lakmé (*Nilakantha*) ; Hamlet (*le Roi*) ; Les Huguenots (*Marcel*) ; La Favorite (*Balthazar*) ; Le Barbier de Séville (*Basille*).

# M. SERNIN-CHEVALIER

Partout où il a passé, M. Sernin-Chevalier a laissé d'excellents souvenirs. Il a rencontré dans les villes où le hasard des engagements l'a conduit, les sympathies que fait toujours naître le talent joint au caractère.

Notre régisseur général possède cette exubérance aimable et cette franchise d'allures qui caractérisent les habitants du midi : il est originaire de Toulouse.

Après avoir fait de bonnes études au Conservatoire de sa ville natale et remporté en 1860, un premier prix de chant, il dut quitter les classes de solfège pour entrer à la caserne. Son service militaire s'accomplit à Besançon dans les chasseurs à pied.

Rendu à la vie civile, il débuta comme deuxième basse à Angers Il conserva cet emploi à Grenoble puis il devint directeur à Neufchâtel où il resta un an seulement.

Il alla ensuite au Havre, toujours comme seconde

basse, puis se rendit à Liège où il resta trois ans, au théâtre royal.

Les moyens artistiques de M. Sernin-Chevalier s'affirmaient ; ses succès grandissaient à chaque nouvel engagement.

De Liège, il se rendit à Lyon ; il y resta douze ans. Ce long séjour prouve mieux que tout ce qu'on pourrait dire quel cas faisait de lui son directeur et en quelle estime le public le tenait.

En quittant Lyon, il alla à Montpellier (1886-1888) où il remplit successivement les fonctions de régisseur et d'administrateur général

Puis il fut engagé à Lille, à Nantes, à Pau, à Marseille, à Alger, à Amiens (1894-1896).

Après quelques mois de direction à Nîmes, M. Sernin-Chevalier, déçu dans ses espérances, mal secondé, abandonna le midi et vint, en qualité de régisseur général, au Mans.

La presse locale a été unanime à constater les qualités du chanteur et du comédien A l'occasion de la re présentation des *Huguenots* et du *Barbier de Séville*, elle lui a décerné les éloges les plus flatteurs auxquels je suis heureux de m'associer, les trouvant parfaitement justifiés.

Il a rendu à la perfection le rôle de *Bartholo*, ce vieillard jaloux qui, malgré ses soixante et quelques années, caresse le rêve prétentieux de faire le bonheur de la jeune et charmante *Rosine* sa pupille, en devenant son mari.

M. Sernin-Chevalier s'est fait applaudir sous les traits du *Baron Raynal* (La Traviata) ; de *Moralès* (Carmen) ; de *Maître Ambroise* (Mireille) ; de *Zizel* (Si j'étais Roi) ; de *Wagner* (Faust) ; de *Jorno* (Mignon) ; du *Spectre* (Hamlet) ; de *Saint-Bris* (Les Huguenots) ; de *Bartholo* (Le Barbier de Séville).

# M^lle BLONVILLE

Certes, une belle voix est chose éminemment précieuse pour l'opérette aussi bien que pour l'opéra ; mais les œuvres légères, plus encore que les ouvrages de grande allure, demandent à être jouées autant que chantées.

Que deviendrait la désopilante fantaisie : *Les 28 jours de Clairette*, si l'héroïne de cette farce énorme n'était pas excellente comédienne ?

Et si *Denise de Flavigny* ne possédait qu'une jolie voix, croyez-vous que la charmante bluette qui s'appelle *Mam'zelle Nitouche*, produirait l'effet dont le public manceau s'est trouvé, cet hiver, si pleinement satisfait, si enchanté ?

Non assurément.

On pourrait multiplier les exemples, mais à quoi bon !

Je préfère constater tout de suite que le succès de

notre première chanteuse d'opérette a été considérable.

Ce succès, elle le doit à sa voix claire, souple, bien timbrée, habilement conduite, à son entrain, à sa gaieté piquante, à sa physionomie intelligente, expressive, pleine de finessse, de sous-entendus.

Je ne crois pas qu'il soit possible de traduire mieux qu'elle ne l'a fait les rôles de *Bettina* (La Mascotte) ; de *Denise de Flavigny* (Mam'zelle Nitouche) ; de *Stella* (La Fille du Tambour-Major) ; de *Mademoiselle Flora* (L'Auberge du Tohu-Bohu) ; de *Clairette* (La Fille de Madame Angot).

Quelques notes biographiques pour terminer.

M^me Blonville est née à Paris ; c'est une élève de Schlosser. Elle débuta aux *Folies-Dramatiques*, puis se rendit dans une ville où passent tant d'artistes français : j'ai nommé Bruxelles. Elle chanta ensuite à Toulouse, à Marseille, à Alger, à Cauterets, à Aix-les-Bains, au Havre, à Lyon.

Lors de la dernière saison d'opérette, elle se trouvait au Mans, où tous ceux qui ont eu le plaisir de l'entendre seraient heureux de la revoir.

# M. ÉMERY

M. G. Emery a fait les meilleures études au Conservatoire de Lyon, sa ville natale.

Il débuta à Nîmes et fut engagé, peu de temps après, à Nancy. Il se rendit ensuite au Grand-Théâtre de Lyon et fit successivement partie des troupes de Nice, d'Alger, d'Aix-les-Bains, de Genève.

A l'automne dernier, il retourna à Lyon pour y jouer pendant quinze jours *Les cloches de Corneville*. Quelques mois plus tard, il devenait le pensionnaire de M. Rochette.

M. Emery est doué d'un organe clair, très étendu, d'une justesse parfaite et d'une légèreté incomparable.

Il a composé fort agréablement pendant la saison d'opéra, au Mans, les personnages de *Daniel* (Le Chalet) où il a été chaleureusement applaudi ; du *Vicomte de Létorières* (La Traviata) ; du *Remendado* (Carmen) ; de *Piffear* (Si j'étais Roi); de *Laërte* (Mignon) ; de *Nadji*

Mlle DAVRAY

(Lakmé); de *Bois-Rosé* (Les Huguenots); du *prince Léopold* (La Juive)

Mais c'est l'opérette qui lui a valu ses plus francs succès.

Tous ceux qui ont eu la bonne fortune de l'entendre dans *Le prince Fritellini* (La Mascotte), l'œuvre délicieuse d'Edmond Audran, se rappellent certainement la finessse et l'élégance avec lesquelles il a chanté, entre autres morceaux, le coquet passage : *Des courtisans qui passeront...* « *Mon cher que vous êtes naïf...* »

Les autres rôles interprétés par lui dans l'opérette ont été ceux de *Fernand de Champlâtreux* (Mam'zelle Nitouche); de *Griolet* (La Fille du Tambour-Major); de *Paul Blanchard* (L'Auberge du Tohu-Bohu) ; d'*Ange Pitou* (La Fille de Mme Angot).

## M^lle LOUISE AUGÉ

Artiste de valeur qui chante agréablement et joue avec beaucoup de mesure et de précision

Non seulement elle possède une voix claire, d'une justesse parfaite et d'un joli timbre, mais elle est douée d'une prononciation tellement nette, que le spectateur ne perd pas un mot de ce qu'elle dit.

Gentille et d'agréable tournure, très à l'aise sur la scène, M^lle Augé a eu sa part des bravos recueillis par les pensionnaires de M. Rochette.

Son rôle le plus important, pendant la saison qu'elle a passée au Mans, a été celui de *Mademoiselle Lange* dans la Fille de Madame Angot.

Elle l'a tenu d'une façon irréprochable.

Si l'amie de Barras était aussi séduisante que notre deuxième chanteuse, le brillant *Directeur* dut faire pas mal de jaloux...

M^lle Augé a composé, en outre, d'une manière heureuse, les personnages de *Fiametta* (La Mascotte) ; de *Claudine* (La Fille du Tambour-Major) ; de *Cécile Dremer* (L'Auberge du Tohu-Bohu) ; d'*Annette* (La Traviata) ; de *Frasquita* (Carmen) ; d'*Andreloun* (Mireille) ; de *Frédéric* (Mignon) ; d'*Ellen* (Lakmé) ; de *Léonard* (Les Huguenots) et d'*Inès* (La Favorite) ;

M. Paul PELTIER

CRITIQUE DRAMATIQUE

# M. Paul PELTIER

M. Paul Peltier, une des figures les plus sympathiques que je connaisse, est né à Saint-Calais, le 17 juin 1867.

Caractère affable, esprit cultivé, observateur très fin, causeur charmant, notre compatriote est très coté dans le monde des lettres et des arts.

Dans son ouvrage, si documenté, si intéressant sur les Poètes contemporains du Maine, M. Hippolyte Daguet nous a tracé de lui un portrait très vivant, d'une ressemblance frappante.

Il nous l'a montré élève intelligent et travailleur, étudiant studieux, avocat habile, journaliste distingué; mais c'est surtout comme disciple d'Apollon qu'il nous l'a présenté.

Je n'entreprendrai pas de vous donner la biographie complète de M. Paul Peltier, quelque désir que j'en aie : une étude détaillée et tant soit peu poussée sortirait du cadre de mes modestes *Notes de théâtre.*

Car M. Peltier n'est pas seulement un poète de mérite, c'est encore un conférencier de grande valeur et un critique des plus distingués.

Ses humoristiques causeries, émaillées de réflexions piquantes, de traits heureusement choisis, ont eu, tant à Paris qu'en province, un très vif succès.

A la mairie de Saint-Sulpice il parle devant une nombreuse et brillante assistance des *trois Dumas;* à Beaumont-sur-Sarthe, il s'occupe de la question des *Sociétés de secours aux blessés* ; à Saint-Calais, il prend comme sujet les *Prisons de Paris* ; au Mans, il charme les membres du Cercle manceau en évoquant, de spirituelle façon, la physionomie si puissamment originale d'un des plus grands, des plus féconds écrivains de notre siècle : Balzac.

J'ai noté, dans le *Scapin*, trop brièvement, hélas ! l'impression excellente produite sur les auditeurs par la parole élégante et facile du jeune conférencier.

Au reste, M. Paul Peltier est un admirateur passionné de l'illustre auteur de la *Comédie humaine*.

Il lui a consacré, dans la *Revue exotique*, un article de magistrale allure, très complet, très fouillé, l'un des meilleurs, assurément, qu'il m'ait été donné de lire.

Il faudrait désespérer de celui qui, ignorant Balzac, ne serait pas pris du désir de faire sa connaissance après avoir parcouru cette superbe étude.

Mais je ne veux pas insister sur le talent de M. Paul Peltier comme conférencier, car c'est surtout du critique que je veux m'occuper.

Notre compatriote, après s'être essayé d'abord dans l'*Anille*, journal que dirigeait son père à Saint-Calais, puis dans l'*Avenir de la Sarthe*, s'occupa, dès son arrivée à Paris, de questions théâtrales dans plusieurs feuilles du quartier latin.

Après avoir collaboré de 1892 à 1894 à l'*Echo de la rive gauche*, il entra à la *Revue d'art dramatique*, où il continua à faire de la critique et à traiter divers sujets se rapportant au théâtre.

C'est ainsi qu'il publia une remarquable étude sur l'*Interdiction de l'Ami des lois, en 1793*, ce qui lui valut les éloges flatteurs de Jules Claretie. « Vous avez, lui dit ce dernier, fixé d'une façon définitive cette page de notre histoire de la littérature dramatique. »

Notre jeune critique avait décidément trouvé sa voie : ses articles marqués au coin du bon sens et de la logique, témoignaient de connaissances étendues et d'observations très justes, fort habilement présentées.

Peu à peu il faisait sa trouée dans la foule compacte, sans cesse grossissante qui s'agite, houleuse et inquiète, autour des théâtres et des bureaux de rédaction.

A l'*Évènement*, sous le titre : En ville et sur scène, il consacrait, chaque semaine, un article à des sujets de théâtre, en même temps qu'il donnait à la *Nation* des « Soirées Parisiennes ».

Doué d'une très grande activité intellectuelle, M. Paul Peltier, outre ses articles de critique, écrivait des à-propos lestement troussés : l'un, pour l'inauguration du théâtre de sa ville natale, en 1889 ; un autre, interprété par Albert Lambert, de la Comédie Française ; un troisième, à l'occasion de l'ouverture d'un théâtre au quartier des Écoles ; un quatrième, pour le théâtre du Mans, lors de la représentation de gala organisée en 1892, à propos de l'érection d'un monument au compositeur sarthois Léo Delibes ; un cinquième, pour la même scène, en octobre 1893, au sujet des fêtes franco-russes ; puis un autre, l'année dernière, dit par Gémier, de l'Odéon, à l'inauguration du monument de Charlet, à Paris.

Pour se délasser, — il faut bien se distraire un peu, n'est-ce pas ? — notre acharné travailleur composait des monologues dont plusieurs ont été interprétés par des maîtres en l'art de bien dire : Galipaux, du Vaudeville, et Rablet, des Nouveautés, notamment.

Depuis 1896, M. Paul Peltier fait la critique dramatique à la *Revue des Journaux et des Livres*, et à la *Revue de France*, qui a pour directeur le délicat auteur de *Frissons et Caresses*, M. Georges Rocher.

Détail à noter : cette dernière revue a eu comme critiques le romancier Louis Esnault et l'ancien directeur de la Comédie française, Edouard Thierry.

Notre compatriote est très versé dans toutes les questions qui, de près ou de loin se rattachent au théâtre. C'est un juge bienveillant, au regard clair, aux aperçus ingénieux, qui sait voir une pièce sous son véritable jour, la montrer telle qu'elle existe et l'apprécier sans exagération d'aucune sorte, sans passion.

Très spirituellement, à l'aide de comparaisons piquantes et toujours exactes, il vous fait toucher du doigt les faiblesses d'une œuvre, en même temps qu'il vous en fait remarquer les passages brillants.

Son style, souple et facile, présente deux qualités éminemment françaises, dont beaucoup d'écrivains font aujourd'hui trop bon marché : la simplicité et la clarté.

Vous connaissez le vers célèbre de Destouches :

« La critique est aisée et l'art est difficile ».

Que l'art soit difficile, personne ne le conteste : quant à la facilité de la critique, il faut s'entendre.

Il y a critique et critique comme il y a fagots et fagots.

La critique qui se contente de l'apparence des choses, qui n'examine que certains côtés d'un ouvrage, sans chercher à pénétrer l'idée d'un auteur, qui blâme sans raisons, qui condamne à la hâte sans examen suffisant et sans arguments sérieux est relativement facile.

Je ne parle pas, bien entendu, de la manière de voir de ceux qui sont guidés par le parti-pris, la partialité, l'intérêt mesquin ou la basse rancune. Ces gens-là, plus nombreux qu'on ne pense, ne sont pas des critiques : ce sont des bandits d'une nature spéciale.

Mais la critique indépendante et large, qui s'appuie sur des connaissances laborieusement acquises, qui sait découvrir les beautés plus ou moins cachées à côté des défauts qui sautent aux yeux, qui tient compte des efforts, qui encourage les tentatives intelligentes et respecte les audaces, la critique qui travaille, cherche, raisonne et traduit d'une façon exacte et complète, est difficile, très difficile même. Elle n'est pas à la portée du premier venu.

Cette tâche singulièrement délicate, mais noble et grande, M. Paul Peltier la remplit avee une sincérité, une correction dont il faut le louer.

« Je considère les fonctions de critique, me disait-il, comme les plus élevées, mais aussi les plus fatigantes qui soient, pour qui veut les exercer d'une façon simplement consciencieuse. »

Et après avoir rendu hommage à un écrivain « qui a été bien calomnié et n'en reste pas moins le fondateur de la critique dramatique moderne ». Geoffroy, des *Débats*, il ajoutait : « Je crois que dans une œuvre, il faut voir quatre choses : la partie historique, l'analyse proprement dite, la critique de l'ouvrage, l'interprétation et la mise en scène. »

Ces remarques d'un homme distingué, en passe de devenir un maître, n'étaient nullement destinées à la publicité ; mais elles me paraissent si profondément justes, que je n'ai pu résister au désir de les noter ici. Je me plais à espérer que leur auteur ne m'en voudra pas de cette petite indiscrétion.

Et maintenant, une bonne nouvelle pour terminer.

M. Paul Peltier vient d'être élu membre du *Cercle de la Critique*, en même temps que MM. Catulle Mendès, l'écrivain si avantageusement connu, chargé de la critique au *Journal*, et Paul Gavault, un des auteurs du *Papa de Francine*, opérette dont le succès a été considérable.

Il avait pour parrains le président et le vice-président du cercle.

C'est une consécration.

# REPRISE

DE

# « FRANCILLON »

## *Reprise de FRANCILLON*

Au nombre des chefs-d'œuvre repris l'an dernier au théâtre du Mans, se trouvent *Francillon* et *Denise*, ces deux joyaux de l'écrin littéraire d'Alexandre Dumas fils.

*Denise*, c'est le devoir planant au-dessus des petites défaillances, des intérêts mesquins, du respect humain et même de l'amour ; c'est aussi, c'est surtout l'idée noble et généreuse du pardon qui, passant à coté de l'égoïsme et des conventions étroites et banales, relève, efface, réhabilite.

Œuvre magnifique, qui seule suffirait à immortaliser son auteur. Car il y a plus et mieux que de l'esprit et du talent dans cette pièce superbe, si bien charpentée : il y a de l'humanité réelle et de la grandeur vraie.

*Francillon*, c'est la femme foncièrement honnête, tout à la fois hautaine, fière, amoureuse et légèrement excentrique, qui subit trop l'influence de son cœur et pas assez celle de la raison.

Elle aime passionnément, absolument son mari ; donc son mari doit avoir pour elle l'amour le plus profond, le plus exclusif.

Mon Dieu, s'il en était ainsi, le ménage n'y perdrait rien et les choses n'en iraient pas plus mal ; mais de ce que Lucien de Riverolles néglige sa femme et reprend — à tort, bien entendu — ses habitudes de garçon, s'ensuit-il qu'une rupture doive éclater entre les époux, terrible, complète, définitive ? et la conduite légère du mari doit-elle troubler la mère de famille au point de lui faire oublier le respect qu'elle doit à son foyer, qu'elle se doit à elle-même ?

Non assurément ; et d'ailleurs Alexandre Dumas ne l'a pas prétendu.

Il a placé ses personnages dans un milieu où circulent un nombre respectable d'idées fausses ; et chacun, tout en subissant l'influence de l'atmosphère où tous se trouvent plongés, parle et agit suivant son tempérament, ses opinions et sa manière de voir.

Et c'est un feu roulant de critiques mordantes, de traits spirituels, de fines reparties, de théories très discutables et de remarques fort justes.

Maintenant, je n'aurais plus qu'à constater le plaisir éprouvé par les spectateurs si les idées du principal personnage de la pièce, *Francillon* (Francine de Riverolles) ne comportaient quelques réflexions, d'autant plus utiles à formuler que ces idées, passablement erronées, tendent à se répandre dans le public sous couleur d'émancipation et d'égalité sociale.

Francine, persuadée que son mari la trompe, blessée dans son affection et son amour-propre, prévient charitablement son mari de ce qu'elle est résolue à faire :

« Ecoute, dit-elle, et qu'il n'y ait pas de malentendu
« entre nous. Regarde-moi bien. Je t'aime passionnément !
« j'adore l'enfant né de cet amour, je suis une très hon-
« nête femme et je n'ai qu'une idée, c'est de continuer à

« l'être ; mais comme je tiens le mariage pour un engage-
« ment mutuel, comme nous nous sommes volontairement
« juré respect et fidélité, que je te suis fidèle et que tu n'as
« à me reprocher que d'avoir fait mon devoir, je te donne
« ma parole que, si jamais j'apprends que tu as une maî-
« tresse, une heure après que j'en aurai acquis la certi-
« tude, j'aurai un amant. Et je te promets que tu seras le
« premier à le savoir. Œil pour œil, dent pour dent ! »

Ces quelques lignes forment le pivot de la pièce.

Ce qui les précède ne sert qu'à les préparer ; ce qui les suit en est la conséquence.

Je dois noter tout de suite que Francine fait semblant de mettre sa menace à exécution, mais qu'elle a bien soin de s'arrêter sur le bord du précipice.

Son langage est évidemment celui d'une femme exaspérée : il est net, franc et... absurde, avec un petit air de logique qui le rend plutôt dangereux.

La thèse est bien simple.

Les mêmes engagements de fidélité ont été pris librement par les époux. Le mari, en manquant à sa parole, autorise sa femme à ne pas respecter la foi jurée.

D'ailleurs, pourquoi l'épouse serait-elle plus coupable que le mari, la faute étant de même nature ?

Dans la famille telle que nous la comprenons, que nous l'admettons, l'homme s'est fait la part du lion.

A côté des emplois nombreux, des honneurs et des distinctions qu'il s'est réservés, il s'est arrogé des droits *de nature*, si je puis m'exprimer ainsi, qu'il a refusés à la femme.

D'où inégalité choquante et abus.

L'homme peut s'offrir toutes les fantaisies, se livrer à un tas de caprices extra-réguliers — il ne s'en fait pas faute, du reste — le monde sourit avec indulgence et n'attache qu'une importance minime à ces à côté de l'existence, qu'il qualifie de petites fredaines, de futilités, de riens.

La femme, elle, doit se tenir constamment et rigoureusement dans le chemin de la vertu, subir dans toute son étendue, la loi sociale, souvent pénible, et rester fidèle quand même à un mari qui crible de coups de canif le parchemin conjugal.

Si elle s'écarte, si peu que ce soit, de la voie qui lui est tracée par le code et les convenances, elle est perdue dans l'opinion : on la montre au doigt et on la juge sévèrement.

Pourquoi cette différence d'appréciation ?

Telles sont, à n'en pas douter, les idées de Francillon, idées que partagent bon nombre de femmes et quelques hommes partisans de l'égalité à outrance.

L'égalité ! O grand, ô sublime principe, que de bêtises on proclame en ton nom !

Mais l'égalité absolue serait une monstruosité.

Pour que deux êtres soient égaux, il faut qu'ils soient de même essence, qu'ils disposent des mêmes moyens et soient appelés à jouer un rôle semblable.

Or, l'homme et la femme présentent, au point de vue physique comme au point de vue moral, des différences profondes,

Le rôle de la mère de famille ne ressemble pas du tout à celui du mari. Chacun a sa place marquée, bien spéciale, et ses occupations particulières.

Dès lors, la conduite, qui dépend du caractère, du tempérament, des besoins et aussi des occasions créées par les relations et le labeur quotidien, ne peut être envisagée de la même façon, s'il s'agit de l'homme ou de la femme.

Certes, je blâme l'époux qui déserte son foyer, qui oublie, dans de passagères et folles ivresses, sa femme et ses enfants ; mais ses faiblesses sont-elles comparables à celles de l'épouse qui cherche, en dehors de sa maison, de vaines et criminelles satisfactions ?

Il s'en faut de beaucoup.

Le degré de culpabilité dépend non seulement du principe même de la faute, des circonstances dans lesquelles elle a été commise, mais encore, mais surtout, en l'espèce qui nous occupe, des conséquences qu'elle peut avoir.

Je ne veux pas m'étendre sur ce sujet, un tantinet scabreux ; au reste, je crois m'être fait suffisamment comprendre. Un mot seulement à propos de la dernière considération.

Lorsque le mari se conduit mal, la maison en souffre sans doute, mais elle n'est que malade ; quand la mère de famille joue avec le respect dû à son foyer, c'est l'effondrement complet, irrémédiable de la vie familiale, de la tranquillité et du bonheur de tous.

Francine ferait mieux de suivre les conseils de Thérèse Smith, son amie, qui lui dit : « Une fois mère, si tu n'es
« pas mère avant tout, tu es perdue. Sois avec ton Lucien
« comme je suis avec mon Alfred. Alfred me dit qu'i
« m'aime, il fait tout ce qu'il faut pour me le prouver. J'a
« de beaux enfants bien sains qu'il adore....., que veux-tu

« que je demande de plus? Il me dit qu'il va à son « bureau. à son cercle, qu'il va voir ses amis, je le crois. « Les hommes ont des façons de s'amuser à eux qu'il « faut accepter.....

« Moi, je ne demande jamais au mien où il a été ; il me « raconte tout ce qu'il veut et je suis convaincue, ou tout « au moins j'en ai l'air, qu'il ne me trompe pas. Les « hommes, ma chère, c'est comme les cerfs-volants « (*Merci, Madame !*), plus on leur rend de corde, plus on « les tient..... »

Et Henri de Symeux est très sage lorsqu'il tient à Annette le propos suivant : « ..... Ne demande pas à « l'amour plus qu'il ne peut donner. Demande-lui, par le « mariage, le moyen d'accomplir ta destinée naturelle, et, « s'il t'apporte la maternité, tiens-toi pour satisfaite ; sois « indulgente à l'homme et sois reconnaissante à Dieu.... »

Je termine, désireux de laisser le lecteur sous la bonne impression de cette citation.

L'indulgence et la bonté : voilà ce qui doit dominer les querelles, les efforts, les faiblesses, les fautes, les déceptions et les souffrances.

Femme honnête, mère dévouée, si ton mari te néglige et dissipe, hors de la maison, les heures qu'il devrait consacrer à sa famille ; s'il éparpille, au hasard de mauvaises rencontres, l'affection, les caresses auxquelles tu as droit; crois-moi: au lieu de laisser ta raison s'égarer sur le spectacle de ton bonheur perdu, de ta vie brisée, songe à ta dignité, à tes devoirs pour rester dans la bonne voie; penche-toi sur le berceau de ton enfant, essuie les larmes du chérubin, rassasie-toi de ses sourires afin d'être courageuse et forte ; élève-toi au-dessus des misères terrestres et regarde plus loin que la trahison et la lâcheté.....

Pour que le poids de ta solitude soit moins lourd et n'étouffe pas les bons sentiments qui sont en toi, pense à l'avenir du cher petit dont tu dois nourrir le corps, façonner l'âme, développer l'intelligence, assouplir le caractère et former le cœur,

« Sois mère avant tout » et n'oublie jamais que l'indulgence est encore le meilleur moyen de dissiper les nuages qui s'amoncellent au-dessus du toit conjugal, de maintenir le bonheur au foyer domestique ou de l'y faire rentrer s'il s'en est éloigné.

# TABLE

www.ingramcontent.com/pod-product-compliance
Ingram Content Group UK Ltd.
Pitfield, Milton Keynes, MK11 3LW, UK
UKHW031916260826
14628UKWH00003B/1235